BRANDENBURG
DER SÜDEN BAND 1

Der Spreewald und die Luckauer Niederlausitz

PRO LINE CONCEPT-Verlag

Inhalt

Spreewald Kahnfahrten
"Lustige Gurken"

Blutweiderich am Nordumfluter bei Alt Zauche

**„Und dass dem Netze dieser Spreewaldkanäle nichts von dem Zauber von Venedig fehle, durchfurcht das endlos wirre Flussrevier in seinem Kahn der Spreewald-Gondolier.“
Theodor Fontane**

Liebe Leserin, lieber Leser,

gäbe man eine Umfrage in Auftrag, um herauszufinden, welche Attribute dem Spreewald zugeordnet werden, so stünden im Ergebnis der Rangfolge wahrscheinlich zwei Begriffe ganz oben: Kahnfahrten und Gurken. Damit erschöpft sich bei einigen vielleicht das Wissen über diese so reizvolle Region in Brandenburg. Vielleicht wüsste der eine oder andere noch etwas mit den Sorben und deren Trachten anzufangen, hat womöglich schon die zweisprachigen Wegweiser an den Straßen und Ortseingängen gesehen ...
All das findet sich im Spreewald (sorbisch Błota) das ist richtig, und dennoch ist die nordöstliche Niederlausitz, die vom Spreewald und dem Luckauer Land eingenommen wird, weit mehr als das. Sie ist einzigartige Kulturlandschaft mit natürlichen und vom Menschen geschaffenen Schätzen. Ein Landstrich, der einen besonderen Zauber entfaltet, an dem jedes Jahr Millionen von Besuchern teilhaben wollen. Trotz des besonders in den Sommermonaten anschwellenden Touristenstroms finden sich noch genug stille Plätze, an denen man die Ruhe genießen oder auf Entdeckungsreise gehen kann. Mensch und Natur haben in ihrem Zusammenwirken ein in sich verwobenes Netz geschaffen, in dem Traditionen überlebt haben, die andernorts schon ausgestorben sind. Auch aus diesem Grund hat die UNESCO den Spreewald 1991 als Biosphärenreservat anerkannt.
Entstanden ist der Spreewald mit seinen vielen – zusammen etwa 1.550 Kilometer langen – Fließen im Zuge der letzten Eiszeit. Dass es sich beim Spreewald nicht um einen Wald handelt, merkt schnell, wer zwischen Leibsch und Burg unterwegs ist. Das Dickicht der Bäume ist in den vergangenen Jahrhunderten größtenteils der Rodung zum Opfer gefallen, ist bäuerlicher Kultur mit Weidewirtschaft und Feldbau gewichen. Spreewaldgemüse hat heute einen guten Ruf, nicht nur die Gurken oder die Zwiebeln, die man hier zu Zöpfen flicht.
Die Fließe sind häufig von Erlen und Pappeln gesäumt, Schatten spendende Bäume, die Kahnfährleute wie Passagiere im Sommer vor Sonnenbrand schützen. Die Kähne – sie sind es, die den Großteil der Touristen in den Spreewald locken. Fast alle Städte und größeren Dörfer innerhalb des Biosphärenreservats verfügen über einen Kahnfährhafen, wo man zu mehr oder weniger langen Touren starten kann. In Lübbenau und Lübben stehen die Kahnfahrwilligen beim Fahrkartenerwerb schon mal in einer langen Schlange. In anderen Orten wie Schlepzig oder Raddusch geht es dagegen erheblich ruhiger zu. Die Auswahl ist groß; sich vor Reiseantritt Überblick zu verschaffen, kann sehr nützlich

sein. Durch die Fließe gestakt zu werden ist die eine, aktiv an der Fortbewegung beteiligt sein die andere Möglichkeit, den Spreewald kennen zu lernen. Überall werden Paddelboote verliehen. Mit ihnen kann man selbst auf Tour gehen, wie auch mit dem Fahrrad oder mit Wanderschuhen. Nur wenig Spreewaldflair wird aber derjenige einfangen, der als reiner Autotourist unterwegs ist. Die natürlichen Schönheiten an den Fließen, die artenreiche Fauna und Flora zeigen sich lediglich dem, der Kopfsteinpflaster und Asphalt hinter sich lässt.
Dieses Buch, liebe Leserin, lieber Leser, soll Sie aber nicht nur in den Spreewald entführen. Gleich westlich nebenan offenbart sich die Niederlausitz von einer ganz anderen Seite. Eingebettet zwischen Baruther Urstromstal, Fläming (↗ Bd. Der Fläming und das Baruther Urstromtal), Niederlausitzer Landrücken und Spreewald verschmelzen im Luckauer Land sächsisch-preußische Geschichte, Architektur und Kultur, Städte, Dörfer, Herrenhäuser und nicht zuletzt die malerischen Landschaften zu einem liebens- und erlebenswerten Mosaik. Mittendrin Luckau, die einstige Hauptstadt der Niederlausitz und nicht wegzudenkende Perle in der Kette historischer brandenburgischer Städte. Schließlich wenden wir uns noch einem Landstrich zu, dessen touristische Zukunft erst vor einigen Jahren begonnen hat, der Region rund um Fürstlich Drehna. Braunkohletagebau hat der Lausitz an vielen Stellen ein neues Antlitz verliehen. Was einst eine klaffende Wunde war wird nach und nach rekultiviert. Riesige Löcher in der Landschaft füllen sich langsam mit Wasser und geben der einstigen Mondlandschaft ein neues und schönes Gesicht. Als Teil des Naturparks Niederlausitzer Landrücken stehen sie im dramatischen Kontrast zu den sanften Erhebungen des bewaldeten saaleeiszeitlichen Höhenzuges.
Auch ohne Auto kommt man bequem zu den Hauptorten der nordwestlichen Niederlausitz. Lübben, Lübbenau, Vetschau und Calau, Uckro bei Luckau und Golßen – um nur die Wichtigsten zu nennen – werden von der Deutschen Bahn angefahren. Wer sein Auto nicht missen möchte: Die Bundesautobahnen A 13 und 15 queren die Region. Somit steht einem interessanten, und entspannenden Besuch nichts mehr im Wege. Dieses Buch soll dabei eine hilfreiche Lektüre sein.

Erleben Sie mit uns die Schönheiten des Spreewaldes
und der Luckauer Niederlausitz.
Viel Freude dabei wünschen Ihnen
der PRO LINE CONCEPT-Verlag
und der ADAC Berlin-Brandenburg e. V.

Tourismusverband Spreewald
Lindenstraße 1
03226 Raddusch (Raduš)
Fon (03 54 33) 722 99
Fax -722 28
E-Mail: tourismus@spreewald.de
www.spreewald.de

www.osl-online.de
www.l-d-s.de
www.spreewald-info.com
www.spreewald.com
www.spreewald-web.de

Bergbaufolgelandschaft
Stiebsdorfer See

DIE SPREE – MEHR ALS *EIN* FLUSS

Eindeutig kommt sie nicht daher, nicht einfach ein Fluss von der Quelle bis zur Mündung. Schon am Kottmar, einem gut 580 Meter hohen Berg im Lausitzer Bergland bei Ebersbach diesseits der böhmischen Grenze, tritt sie gleich dreifach ans Tageslicht. Die Spree entwässert gut 10.000 km^2, bringt es auf fast 400 Kilometer, ist damit länger als ihr größter Konkurrent im Land Brandenburg, die Havel; sogar mehr Wasser als diese führt sie bis Berlin-Spandau heran. Trotzdem hat der Mensch ihr dort den Namen genommen. Der Mitbewerber Havel geht als Sieger aus dem Zweierwettkampf hervor und bringt die Spreefluten zur Elbe, die ihrerseits wiederum zur Nordsee strebt. Aber seien wir ehrlich, klingt Havelland nicht auch viel schöner als Spreeland? Im Oberlauf hat der Mensch ihr zwischen 1958 und 1972 Einhalt geboten, Talsperren ringen ihr das Zugeständnis ab, auf zerstörerische Hochwasser zu verzichten. Im Mittel- und Unterlauf schlägt sie Haken und beschreibt Bögen. Die Hinterlassenschaften der Weichsel-Eiszeit zwingen sie dazu.

Überhaupt ... was wäre Berlin ohne sie: keine Museumsinsel, keine Dampferfahrten, Reichstag und Kanzleramt stünden ohne Flussufer da. Erst die Spree macht aus Berlin, was es ist: Spree-athen! Und wie steht's mit Bautzen, Spremberg, Cottbus, Lübben und Schlepzig, Beeskow, Fürstenwalde, Köpenick und Moabit? Sie alle könnten den Zusatz „a. d. Spree" tragen. Nur das märkische Fürstenwalde tut es offiziell. Ein paar natürliche Seen speist sie auch, den Schwieloch- und den Müggelsee – und Kanäle. Der

Die Spree bei Alt Schadow

größte zweigt sich von ihrem Wasser etwas ab und bringt es zur Oder und damit in die Ostsee: der Oder-Spree-Kanal. Autokennzeichen schmücken sich mit ihrem „S". LOS: Landkreis Oder-Spree – SPN: Landkreis Spree-Neiße … man wirbt gerne mit der Spree, richtig ernst will sie dennoch keiner nehmen. Im Spreewald aber, da zeigt sie, was in ihr steckt. Da geht sie in die Breite, besetzt das Land und zwingt den Menschen ihren Willen auf. Der Spreewälder macht's ihr nach – und beide lassen die Touristen nach ihrer Pfeife tanzen. Die freuen sich trotzdem und das vor allem über die malerische Spree, die sich teilt und zu Dutzenden durch die Ebene fließt. Ein Fluss nur? … wer wollte das im Spreewald ernsthaft behaupten!

Schlepzig, Kahnhafen Anfang des 20. Jh.s Foto: Museum Schloss Lübben

EINE KAHNFAHRT, DIE IST SCHÖN …

… und wer wollte dem widersprechen, schließlich bereist ein beachtlicher Teil der Touristen nur aus diesem Grund den Spreewald. Kahnfahrten haben eine lange Tradition. In der Vergangenheit dienten sie allein dem Transport von Menschen und Gütern – vor allem landwirtschaftlichen, egal ob Heu, Gurken oder Vieh. Zur Schule fuhr man ebenso mit dem Kahn wie zur Hochzeit, und was so ein richtiger Spreewälder war, der trat auch seine letzte Reise als Passagier auf einem Kahn an. Mit Spreewaldromantik hatte das nur wenig zu tun, eher mit dem lebensnotwendigen Zwang, dem unwegsamen Gelände zu trotzen. Wie sollte man auch vorankommen, ohne ein gut ausgebautes Netz an Wegen, Straßen und Brücken. Die Kähne, heute zuweilen aus Aluminium, wurden früher aus Eichenholz gefertigt, zunächst als Einbäume, oder „Dubownik" , wie man auf Sorbisch sagte (vom wendischen Wort für Eiche: dub). In der Mitte des 19. Jh.s fing man dann an,

Kahnbau in Raddusch

sie aus mehreren Brettern zusammenzuzimmern. Mittlerweile ist man auf die Verwendung von Kiefernholz übergegangen. Für das Rudel, die dreieinhalb bis vier Meter lange Stange zum Staken, nahm und nimmt man noch immer Esche, weil deren Holz stabiler und biegsamer ist als das anderer Baumarten. Nachdem in Deutschland die Kaiserzeit angebrochen war, kamen schon bald die ersten Ausflügler in den Spreewald. Aus diesen zarten Anfängen ist ein stetig größer werdender Touristenstrom geworden, der vielen Kahnfährleuten ihr Auskommen sichert. Im Oberspreewald und im Unterspreewälder Schlepzig betreiben etliche Fährleute den witterungsabhängigen Broterwerb des „Spreewald-Gondolieres“ hauptberuflich. In vielen kleineren Orten zwischen Leibsch und Burg beschränkt sich das Staken durch die Fließe dagegen auf das Wochenende. Hier sind Teilzeitfährleute gefragt – in der Woche gehen sie ihrem normalen Beruf nach.

An dieser Stelle ein paar Tipps für den kahnfahrwilligen Spreewaldgast.

Für den Individualreisenden stellt sich zunächst die Frage, wo der Kahn bestiegen werden soll. In den großen Häfen wie Lübbenau und Lübben, aber auch in Schlepzig und Burg wird von morgens bis nachmittags regelmäßig abgelegt. Vor allem in Lübbenau und Lübben muss man auch schon mal anstehen, insbesondere in der Urlaubszeit und ganz besonders am Wochenende. Wer es ruhiger mag, verlegt sich auf Fahrten, die abseits der Besucherströme beginnen. Auch Dörfer wie Raddusch, Leipe, Neu Zauche, Alt Zauche und Groß Wasserburg besitzen jeweils einen kleinen Hafen. Allerdings sollte man sich, insbesondere an Werktagen, vorher

Kahnfahrt bei Lehde

Anstehen zum Kahnfahren

erkundigen, wann abgelegt wird, um unnötig lange Wartezeiten bis zur nächsten Fahrt zu vermeiden. Wer ganz auf Nummer sicher gehen will, reserviert schon im Voraus. Diese Möglichkeit steht aber erfahrungsgemäß nur Gruppen offen und ist für Einzelreisende oder Familien in aller Regel nicht nötig. Apropos Gruppen! Leider gehört auch das zum Spreewaldtourismus: voll besetzte Kähne mit Bier trinkenden Clübchen, denen weniger an der schönen Landschaft, als am eigenen Leibesgenuss gelegen ist. Wer diesen unerfreulichen Tourismus-Nebenwirkungen aus dem Weg gehen möchte, sollte große Häfen meiden oder den Ausflug mit dem Kahn eher in die Nebensaison verlegen. Dann lässt sich ungestört die Natur genießen und den interessanten Ausführungen des Kahnfährmanns oder der Kahnfährfrau lauschen.

… und noch etwas:
Die Sonne brennt heiß, auch im Spreewald. Schutz gegen Sonnenbrand ist auch hier geraten, denn nicht überall gewähren Dächer aus Erlenlaub wie im Hochwald oder Schatten spendende Pappeln Deckung vor zu viel UV-Strahlung. Ohne Hut und Sonnencreme hat nach einer Zwei-, Dreistunden- oder Ganztagesfahrt schon so mancher Berliner, Sachse oder Westfale ein schmerzliches Andenken mit nach Hause genommen. Ähnlich sinnvoll kann ein Mückenmittel sein, vor allem, wenn man den Ausflug auf spätere Stunden legt. Vielleicht tut's aber auch schon eine lange weiße Hose, ein Pulli und Socken (nicht Rot und möglichst auch kein Schwarz, das zieht die Mücken an). Die halten gleichzeitig warm, was im Laufe einer mehrstündigen Tour durchaus von Vorteil sein kann.
Wer schließlich mit einigen freundlichen Kahngefährten gemeinsam in einem Boot sitzt, der sollte sich entspannen und genießen – und sich vielleicht nur kurz einmal vergegenwärtigen, dass er durch eine Landschaft gleitet, die in ihrem Zusammenspiel von Kultur und Natur einzigartig in Mitteleuropa und damit besonders schützenswert ist … und selbst die Mückenstiche ihren Sinn haben, denn wohlgenährte Mückenweibchen legen viele Eier, und die Larven wiederum stehen auf dem Speiseplan etlicher Unterwasserbewohner.

PADDELBOOTFAHRTEN IM SPREEWALD

Es gibt wohl kein besseres Revier in Deutschland zum Paddelbootfahren als den Spreewald. Den Paddlern stehen Gebiete offen, die dem Wanderer – zu Fuß oder mit dem Rad – verschlossen bleiben. Kein Wunder also, dass der Kanusport sich zunehmender Beliebtheit erfreut.

Wer kein eigenes Boot hat, dem stehen zahlreiche Verleiher zur Verfügung, über die man sich in den örtlichen Tourist-Informationen erkundigen kann. Vorbestellung ist insbesondere an den Wochenenden ratsam. Die Verleiher bieten in aller Regel auch Wasserwanderkarten an – und ohne eine solche Karte sollte man sich erst gar nicht auf den Weg machen. Die Fließe sind zwar weitgehend gut ausgeschildert, man kann sich aber dennoch verirren und gegebenenfalls nur unter großen Mühen zum Ausgangspunkt zurückfinden.

Einige weitere Dinge sollte der Hobby-Paddler beachten. Das Verhältnis von Kahnfährleuten und Paddlern ist nicht immer das beste, was am Verhalten mancher Freizeitkanuten liegt. Kähne genießen grundsätzlich Vorfahrt und man sollte sich stets zuvorkommend verhalten. Der Kahn ist nicht so wendig und langsamer als ein Paddelboot ist er auch. Geduld ist also manchmal notwendig, aber die sollte man ohnehin mitbringen, schließlich sind die Spreewaldfließe keine Rennstrecken, sondern erholsame Naturräume. Und geschützte, denn insbesondere in der Schutzzone I sind Fließe komplett gesperrt, in der Zone II dürfen die Wasserwege zwar genutzt, nicht aber verlassen werden. Auch sollte man vermeiden, besonders schmale und flache Fließe zu befahren – Flora und Fauna danken es. Zum Anlanden gibt es befestigte Ein- und Ausstiegsstellen.

Paddler bei Leipe

Jeglicher Einsatz von Motoren an Paddelbooten ist untersagt und die Höchstgeschwindigkeit beläuft sich auf 6 km/Stunde. Dass man sich still verhält, sollte jedem Paddler und Naturfreund am Herzen liegen. Grundsätzlich ist das Paddeln nur bis eine Stunde nach Sonnenuntergang erlaubt. Nachtaktive Tiere wie der Fischotter werden so nicht unnötig gestört. Die Schleusen muss man selbst bedienen, vorausgesetzt, Kinder nehmen einem die Arbeit nicht ab. Die Spreewälder Gören bessern sich mit dem Betätigen der Schleusen ihr Taschengeld auf. Das hat Tradition und sollte nicht als lästig angesehen, sondern als willkommene Dienstleistung aufgenommen werden. Wenn keine Kinder zur Stelle sind, helfen Hinweisschilder zur Schleusenbedienung weiter. Man kann aber auch die Bootsrollen benutzen, sollte aber nur unbesetzte Boote ziehen.

Einige Hinweise, die im Kapitel zum Kahnfahren vermerkt sind, gelten auch für Paddler. Das betrifft insbesondere den Sonnen- und Mückenschutz. Apropos Schutz: Auch eine Wasserschutzpolizei gibt es im Spreewald – man tut also gut daran, sich an die Regeln des freundlichen Miteinanders zu halten, Verbotsschilder ernst zu nehmen und den Umweltgedanken zu beherzigen. Wenn dem so ist, dürfte eine Kajak- oder Kanadiertour im Spreewald zu einem erholsamen und unvergesslichen Naturerlebnis werden.

Schleuse bei Burg

Einige Tourenvorschläge:

Eine schöne Paddelroute führt von Burg-Kauper über Leipe und die Pohlenzschänke nach Burg-Kauper zurück. Die Strecke ist etwa 12 Kilometer lang. Am Waldschlösschen beginnt die Reise. Es geht zur Waldschlösschen-Schleuse. Wenig später biegen wir links in den Rohrkanal ab. Weiter geht es auf der Neuen Spree nach Leipe, wo verschiedene Einkehrmöglichkeiten mit Anlegestellen auf Gäste warten. Jurksfließ und Leiper Graben bringen uns zur Pohlenzschänke. Noch ein kleines Stück auf dem Leiper Graben und wir biegen rechts in das Große Fließ ein. Es geht entgegengesetzt der Fließrichtung, vorbei am Gasthof Eiche, zu einer Schleuse. Kurz darauf biegt der Weidengraben rechts ab, der uns wieder zum Waldschlösschen bringt.

Eine etwa gleich lange Paddeltour führt von Leipe nach Lübbenau. Von Leipe aus kommen wir schnell zur Schleuse an der Unteren Boblitzer Kahnfahrt. Die Untere Boblitzer Kahnfahrt bringt uns mit der Fließrichtung zum Südumfluter, auf dem es direkt nach Lübbenau geht. Auf dem Rückweg nach Leipe kann man sich kaum verirren. Die Hauptspree gibt dem Paddler nach Osten verlässlich die Richtung vor. Kurz vor Leipe nochmals eine Schleuse passiert und schon ist der Ausgangspunkt erreicht.

Auf der Radduscher Kahnfahrt

Natürlich kann man auch kürzere Touren unternehmen. Etwa zwei Stunden dauert die 6-km-Paddelroute nördlich von Leipe über Neue Spree, Jurksfließ, Leiper Graben, Burg-Lübbener-Kanal, Rohrkanal und Tschapek. Unterwegs muss man sich selbst versorgen. Gaststätten findet man nur in Leipe.

DER UNTERSPREEWALD

Kleiner, stiller, ländlicher

Amt Unterspreewald
Hauptstraße 49
15910 Schönwalde
Fon (03 54 74) 206 24
www.unterspreewald.de

Tourist-Information im
Agrarhistorischen Museum
Dorfstraße 26
15910 Schlepzig
Fon (03 54 72) 225

Der Unterspreewald unterscheidet sich in vielerlei Hinsicht von seinem größeren Bruder. Zunächst einmal ist er etwas jünger. Im Oberspreewald setzt sich das Baruther Urstromtal, durch das die Schmelzwasser der letzen Eiszeit nach Nordwesten abflossen, nach Südosten fort. Er markiert damit das weiteste Vordringen der Gletscher im letzten Glazial (Weichsel-Eiszeit). Als sich dann der Unterspreewald herausbildete, waren die mächtigen Gletscherberge schon auf dem Rückzug. Hier im Unterspreewald verharrten sie im so genannten Brandenburger Stadium; der Eisrand verlief in Süd-Nord-Richtung, sodass die mächtigen Schmelzwassermassen nicht mehr durch das Baruther Urstromtal abflossen, sondern über das Gebiet des heutigen Unterspreewalds zum Berliner Urstromtal.
Dass der Unterspreewald ein Tal ist, vermittelt sich nur bei genauerem Hinsehen. Die Talsohle liegt etwa bei 45 Metern. Die Hügel im Westen steigen von circa 60 auf über 140 Meter in den Krausnicker Bergen an (von Süd nach Nord), im Osten erreicht der Marienberg bei Biebersdorf immerhin 110 Meter. Diese kleinen Anhöhen markieren aufgetürmte eiszeitliche Geschiebe, Moränen genannt. Der weitaus größte Teil der Talebene aber besteht aus Schwemmland, das die Spree erst nach der Eiszeit geschaffen hat, indem sie herbeigeführtes Lockermaterial ablagerte. An einigen Stellen finden sich zudem Dünenformationen wie etwa nördlich von Lübben die Pfaffenberge oder bei Dürrenhofe.

Landschaft zwischen Schlepzig und Krausnick

Mühlenwehr in Schlepzig

Die Spree konnte sich lange Zeit frei bewegen, bildete zahllose Fließe und Mäanderbögen aus, die ständiger Veränderung unterworfen waren. Überschwemmungen gehörten zum jahreszeitlichen Wechselspiel. Der Mensch aber hat in vielfältiger Weise verändernd eingegriffen, hat sich das Gewässer nutzbar gemacht, Mühlen angelegt, Teiche ausgehoben und Fließe begradigt. Deshalb verharren Hauptspree, Puhlstrom, Schiwastrom, oder wie sie alle heißen, heute in ihren Flussbetten zwischen Leibsch und Petkamsberg, Schlepzig und Groß Wasserburg. Und das ist auch besser so, denn wo kämen die Kahnfährleute hin, wenn die Fließe ständig ihre Richtung wechselten.

Der Unterspreewald ist wie der Oberspreewald Teil des Biosphärenreservates Spreewald. Mittelpunkt ist Schlepzig, das sich zwar zum herausragenden touristischen Anziehungspunkt im Unterspreewald entwickelt hat, vom Massentourismus à la Lübbenau aber erfreulich weit entfernt ist. Die Region hat sich viel von ihrer Ursprünglichkeit bewahrt, auch wenn in den letzten Jahren kräftig in die Infrastruktur investiert worden ist.

An den Kahnfährhäfen gibt es nur selten Gedränge, im Paddelboot ist man häufig mit sich und der Spree, den Erlen und Libellen alleine. Wanderungen in den Krausnicker Bergen oder um den Groß Leuthener See herum geben eher den Blick auf die eigene Seele und die schöne Landschaft frei, als auf touristisch Gleichgesinnte. Womit wir schon bei den Freizeitaktivitäten wären. Kahnfahrten haben nicht nur im Oberspreewald Tradition, auch im unteren tauchen die Kahnfährleute für die Besucher ihr Rudel, so nennt man die lange Stange zum Staken, ins verhältnismäßig flache Wasser. Häfen gibt es in Schlepzig und Groß Wasserburg. Die Leibscher Fährleute fahren nur auf Bestellung. Fahrten dauern – wenn es die Witterung zulässt von April bis Oktober – in der Regel zwei bis drei Stunden, aber auch längere Touren bis zu acht Stunden werden angeboten. Das Gebiet zwischen Groß

Wasserburg und Schlepzig, in dem die Fährleute unterwegs sind, nennen die Einheimischen – wie auch in anderen Gegenden des Spreewaldes – Pusch, ein geschützter Niedermoorbereich mit hohem Grundwasserstand – ein ökologisch wertvoller Bruchwald mit Erlen und Eschen. Wer hier die Fließe befährt, darf die Uferbereiche nicht betreten. Angeraten ist dies ohnehin nicht, denn man holt sich rasch nasse Füße. Paddler, ob mit dem eigenen oder ausgeliehenen Boot, sollten grundsätzlich immer nur an den ausgewiesenen Stellen an Land gehen. Natürlich gehören Rad fahren und Wandern zu den wichtigsten Aktivitäten im Unterspreewald, ein beschildertes Wegenetz erleichtert die Orientierung.

Wer die Stille sucht, die Oberspreewälder mögen es verzeihen, ist im Unterspreewald gut aufgehoben – allerdings um den Preis der eingeschränkten Erreichbarkeit. Leider ist auf der das Gebiet querenden Bahnstrecke Beeskow-Lübben der Personenverkehr größtenteils eingestellt worden. Ab Ostern, den Sommer hindurch, an Wochenenden und zu Sonderfahrten verkehrt jedoch hier auf der Strecke Falkenberg (Elster)/DB – Uckro/DB – Luckau – Lübben/DB – Börnichen/Schlepzig – Groß Leuthen ein Triebwagen der privaten Niederlausitzer Eisenbahn. Nächster DB-Bahnhof ist Lübben, der vom Berliner Bahnhof Zoo mit dem Regionalexpress in 70 Minuten erreicht ist. Von Lübben verkehren regelmäßig Busse in Richtung Schlepzig. Neuendorf am See wird von Königs Wusterhausen aus angefahren. Die Fahrtzeit mit dem Bus: etwa 45 Minuten.

Deutsche Regionaleisenbahn/
Niederlausitzer Eisenbahn
Mittelstraße 20
12529 Schönefeld bei Berlin
Fon (030) 63 49 70 76,
(035 42) 821 27) u.
0177-560 47 97
E-Mail: deutsche.regionaleisenbahn@t-online.de
Fahrplan unter:
www.regionaleisenbahn.de

In Leibsch

In Schlepzig

SCHLEPZIG

Das Herz des Unterspreewaldes

Schöner Ort an schönem Ort – so hätte der Untertitel zu diesem Kapitel auch heißen können. Schlepzig hat alles, was ein Dorf benötigt, um im touristischen Wettbewerb bestehen zu können. Vor allem besticht es durch den ländlichen Charme seiner malerischen Dorfkulisse, musealen Zeitvertreib, gute Übernachtungsmöglichkeiten und natürlich einen Kahnfährhafen, oder besser: zwei Häfen, denn 1994 hat man dem kleinen An- und Ableger am Hotel „Zum grünen Strand der Spree" einen größeren hinzugefügt.

Schlepzig ist schon ziemlich alt, jedenfalls für brandenburgische Verhältnisse. Die urkundliche Ersterwähnung liegt annähernd tausend Jahre zurück. Man schrieb 1004 n. Chr., und um genau zu sein, es war Heinrich II., der „Zloupisti" in einer Schenkungsurkunde an das Kloster Nienburg/Saale bei Bernburg nannte. Heinrich, später auch als „der Heilige" bezeichnet, war Herzog von Bayern, wurde 1004 König von Italien und erwarb 1014 die deutsche Kaiserkrone. Auf Wendisch heißt Schlepzig „Slopišća", aber anders als im Oberspreewald, ist die sorbische Sprache im Schlepziger Raum gänzlich ausgestorben. Trotz seines hohen Alters ging an Schlepzig eine städtische Entwicklung vorüber. Gerade einmal 660 Bewohner machen es sich im Dorf gemütlich. Es waren schon mal an die tausend, aber das ist inzwischen über hundert Jahre her.

Einnahmequelle war die Landwirtschaft, nicht zu vergessen die Wassermühlen, von denen es im 19. Jh. drei an der Zahl gab. Zwei der drei Gebäude stehen noch, direkt am Wehr in der idyllischen Dorfmitte. Die *ehemalige Getreidemühle* ist leicht am tadellosen Fachwerk zu erkennen. Das Haus wurde 1740 gebaut.

Veranstaltungen in Schlepzig:

Feb.	**Rosenmontagszug**
Mai	**Maitreiben**
Juni	**Schoberfest**
Aug.	**Dorffest**
Okt.	**Fischerfest**

Historische Getreidemühle
Dorfstraße 52
15910 Schlepzig
Fon (03 54 72) 58 88
Fax -58 85
April bis Okt.
täglich 10.00–16.00 Uhr

Ausstellung
„Unter Wasser unterwegs"
Dorfstraße 52
Fon (03 54 72) 276
Fax -648 99
E-Mail: Biosphärenreservat-Schlepzig@t-online.de
Öffnungszeiten:
April bis Okt.
täglich 10.00–17.00 Uhr
Feb. bis März
Mo–Fr 10.00–16.00 Uhr
sowie nach Vereinbarung

Nach umfangreicher Restaurierung kann die voll funktionstüchtige Mühle seit 2000 in den Sommermonaten besichtigt werden. Das technische Innenleben stammt aber nicht aus Brandenburg, sondern wurde im thüringischen Ziegenrück/Saale demontiert, um hier im historischen Mühlengebäude an der Spree eine neue Heimat zu finden. Im Rahmen von Führungen nimmt die Mühle ab und zu den Betrieb auf. Aus dem dabei gewonnenen Mehl wird später Brot gebacken, das begeisterte Anhänger bis nach Berlin hat.

In direkter Nachbarschaft zur alten Getreidemühle befindet sich die *ehemalige Ölmühle*, heute ein *Informationszentrum des Biosphärenreservates Spreewald*. Die dortige Ausstellung „Unter Wasser unterwegs" erklärt leicht verständlich die biologischen Wechselbeziehungen zwischen den Bewohnern der Spreewälder Unterwasserwelt. Wer sich den Bewohnern der Aquarien zuwendet, entdeckt Kiemenatmer von Aal über Barsch bis Zander. Nach dem Besuch der Ausstellung, sieht man das Leben in den Fließen mit anderen Augen – vielleicht auch mit mehr Respekt, und das kann ja nicht schaden, wenn man sich anschließend auf einem Kahn oder im Paddelboot durchs Land bewegt. Zu Fuß geht es natürlich auch, am besten bei geführten Wanderungen, die von der Naturwacht angeboten werden und hier an der ehemaligen Ölmühle beginnen, z. B. in das Naturschutzgebiet Buchenhain (↗ Tour 1, S. 20) oder mit ornithologischem Schwerpunkt zu den Fischteichen (↗ Tour 2, S. 20) südlich von Schlepzig.

Barsch

Rotfeder

Hecht

Zum alten *Hafen* vis-à-vis ist es von den Mühlengebäuden weniger als ein Katzensprung, der neue liegt aber auch nur ein paar Meter weiter westlich. Hier rund um das Hotel „Zum grünen Strand der Spree" schlägt das Herz von Schlepzig und das des Unterspreewaldes. Ein schöner Ort, um die Weite der Landschaft zu genießen, ist die hoteleigene Gartenterrasse.

Ev. Pfarramt Schlepzig
Dorfstraße 34, 15910 Schlepzig
Fon (03 54 72) 388
www.kirchenkreis-luebben.de
Öffnungszeiten Dorfkirche:
April bis Oktober
täglich ab 9.00 Uhr
im Winter nur Sa/So
Gottesdienst jeden 2. So 10.00 Uhr
Juli u. Aug. 19.00
genaue Termine erfragen

Von Mühlenromantik, Unterwasserfauna und Biergartenidyll, das Bier wird hier in einer kleinen Privatbrauerei frisch gebraut, zum christlichen Mittelpunkt Schlepzigs, der *Dorfkirche*. 1782 in Fachwerkbauweise errichtet, strahlt das sakrale Haus im Innern mit liebenswürdig bäuerlichem Barock – sächsischem Barock, denn bis 1815 gehörte das Dorf als Teil des Amtes Lübben zum

Dorfkirche Schlepzig

Königreich Sachsen. Die Seiten sind mit Emporen bestückt, der Ostabschluss mit einem schönen Kanzelaltar. Die Deckenbemalung stammt nicht mehr aus dem 18. Jh., sondern wurde in den 1980er-Jahren neu aufgetragen.

Wer das bäuerliche Leben im Spreewald nur mit Gurken, Zwiebeln und Meerrettich in Verbindung bringt, der sollte sein Wissen im *Agrarhistorischen Museum Schlepzig* erweitern. Fischerei und Imkerei, Waldarbeit und Leinherstellung, aber natürlich auch die Feldarbeit – Tätigkeiten, die die Bauern zum Teil noch heute verrichten – werden dem Besucher hier anschaulich nahe gebracht. In der Scheune künden landwirtschaftliche Geräte und Maschinen vom Fortschritt vergangener Jahrhunderte. Das museale Bauernhaus von 1818 ist mit historischen Möbelstücken und Haushaltsgeräten eingerichtet; manch einer wird sich darin vielleicht an seine eigene Kindheit erinnert fühlen. Das Museum veranstaltet über das Jahr verteilt vielerlei Veranstaltungen, wo das frühere Bauernleben nicht nur theoretisch, sondern auch ganz praktisch nachempfunden wird. Das leibliche Wohl muss dabei nicht hinten anstehen, frischer Blechkuchen verlässt für Gruppen gelegentlich den alten Lehmbackofen. Wer als Individualreisender unterwegs ist, darf an so einem Tag geschmacklich teilhaben.

Im Museum erhält man auch den Schlüssel zu einer kleinen *Feuerwehrausstellung* im Dorf mit Löschgerätschaften und Uniformen aus dem gesamten 20. Jh.

Agrarhistorisches Museum
Dorfstraße 26, 15910 Schlepzig
Fon (03 54 72) 225
Fax -640 24
Öffnungszeiten:
Nov. bis März
Mo – Fr 10.00 – 16.00 Uhr
April bis Okt.
tägl. 10.00 – 16.00 Uhr

Getreide dreschen

Agrarhistorisches Museum

Teichlandschaft bei Schlepzig

Die Umgebung von Schlepzig ist ein kleines Paradies für Wander- und Radwanderfreunde. Nach Süden erstrecken sich beiderseits der Spree ausgedehnte, in den 1980er-Jahren angelegte Fischteiche, aufgeteilt in vier Teichgruppen, die gut mit (Rad)Wanderwegen erschlossen sind. Durch die Spree gespeist, ergibt sich eine Seenplatte von insgesamt 250 Hektar. Nördlichstes Gewässer ist der *Inselteich*, in dem Karpfen gezüchtet werden. Daneben ziehen hier auch Zander, Welse und Hechte ihre Runden. Die drei südlichen Teichgruppen dienen der so genannten Satzfisch-Produktion. Hierunter versteht man die Aufzucht der jungen Fische, bevor sie im Inselteich ausgesetzt werden, um ihre endgültige Größe zu erreichen. Die Teiche werden jedes Jahr im Oktober geleert, um abgefischt zu werden. Dann feiern die Schlepziger ihr *Fischerfest*, bei dem ein kleiner Teil der Ausbeute auch die Schlepziger und ihre Gäste kulinarisch zufrieden stellt.

Mit dem Aushub der Seen vor nicht einmal zwanzig Jahren wurde ganz erheblich in die natürliche Landschaft und die Vegetation des Unterspreewaldes eingegriffen; inzwischen hat sich das Gelände jedoch zu einem naturnahen und ökologisch bedeutsamen Lebensraum entwickelt. Etwa 250 Vogelarten sind zwischen Schlepzig und Lübben nachgewiesen, ungefähr die Hälfte davon brütet hier auch. Abhängig von der Jahreszeit lassen sich die unterschiedlichsten Vogelarten beobachten, darunter Störche, Reiher, Haubentaucher, Blessralle und diverse seltenere Entenarten, aber auch weniger bekannte wie zum Beispiel der Drosselrohrsänger.

Kormorane

Als Problem für die Fischzüchter erweisen sich stets die Kormorane, die aus der Storkower Region einfliegen und hier einen gut gedeckten Tisch vorfinden. Da beläuft sich der Verlust im Jahr schon mal auf dreißig Tonnen. Aber als Sündenbock sollte der geschützte Kormoran dann doch nicht herhalten; der Betreiber der Teiche, die Peitzer Edelfisch GmbH, wird den Appetit der Kormorane – so darf man annehmen – bei einem achtstelligen Jahresumsatz verschmerzen können.

Tourenbeschreibung siehe S. 20

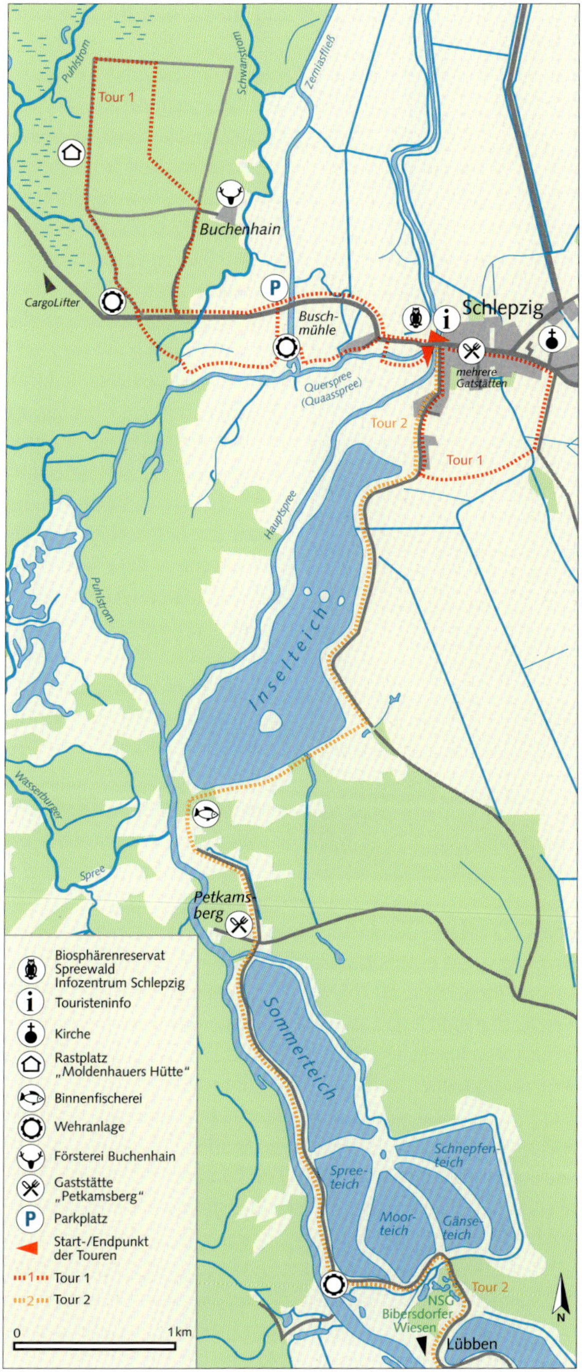

Tour 1/Rund um Schlepzig und durch den Buchenhain: 4,3 km (Karte S. 19)

Eisvogel

Ausgangs-/Endpunkt: Besucherzentrum des Biosphärenreservates Schlepzig, ehem. Ölmühle/Tourist-Information.

Es geht auf der Straße Richtung Kirche/Agrarhistorisches Museum ca. 600 Meter durch den Ort, bis rechts die Alte Lübbener Straße abzweigt • nach ca. 300 Metern am Abzweig Niwaweg rechts einbiegen • dem Weg 500 Meter folgen bis zur Dammstraße, dort rechts einbiegen • auf der Dammstraße 600 Meter bis zur Dorfstraße, links einbiegen • Brücke über die Hauptspree überqueren, dann links über die Bank (Spreewaldbrücke) die Quaasspree überqueren (Radfahrer bleiben besser auf der Dorfstraße) • auf dem Holzbohlenweg bis zur nächsten Bank • durch den Kahnhafen zurück zur Straße • weiter Richtung Ortsausgang bis halblinks Weg abzweigt • diesem Weg ca. 300 Meter folgen bis zur Unterbrechung durch das Zerniasfließ • Wehr überqueren • dem Weg halblinks (Wanderzeichen: güner Punkt bzw. grüner Schrägbalken) folgen • nach Überquerung der Landstraße am Puhlstromwehr 400 Meter weiter dem Wanderzeichen mit dem grünen Schrägbalken folgen • nach Rückkehr aus dem Buchenhain 1 km nach links auf die Straße Richtung Schlepzig.

Erlen im Naturschutzgebiet Buchenhain

Tour 2/Entlang der Fischteiche: 20 km (Karte S. 19)

Ausgangspunkt: Schlepzig, ehem. Ölmühle / Endpunkt: Lübben. Europa-Wanderweg 10 (blauer Querbalken auf weißem Grund); Wegbeschaffenheit gut, auch für Radfahrer geeignet

Es geht zum Inselteich, der auf einem ca. sechs Kilometer langen Weg umrundet werden kann. Weiter südlich, zwischen den Teichgruppen III und II, berührt man das Naturschutzgebiet „Biebersdorfer Wiesen“. Der dort erhaltene Waldrest mit seinen ca. 140 Jahre alten, breitkronigen Eichen und angrenzenden Feuchtwiesen erhielt seinen Charakter durch die einstige Nutzung als Waldweide für Rinder, Schweine oder Schafe. Die Teichgruppe II ist der beste Ort zur Vogelbeobachtung. Hat man sie verlassen, führt der Wanderweg durch das NSG „Wiesenau“ nach Lübben. Dabei durchquert man eine vielgestaltige Landschaft mit Fließgewässern, Altarmen, Feuchtwiesen, Trockenrasen und Waldstücken.

Östlich von Schlepzig lohnt ein Abstecher nach **Dürrenhofe**. Der Frühsommer ist die richtige Zeit, sich bei der örtlichen Agrargenossenschaft mit Spargel einzudecken. Auf zwanzig Hektar Land reihen sich die typisch lang gezogenen Erdwälle aneinander. Hier sind von Anfang Mai bis Ende Juni Spargelstecher unterwegs. Um die 110 Tonnen des edlen Gemüses werden in Dürrenhofe alljährlich geerntet. Der genossenschaftseigene *Hofladen* ist in der Spargelzeit täglich geöffnet.

Agrargenossenschaft Unterspreewald
Lübbener Straße 7 a
15910 Dürrenhofe
Fon (03 54 72) 66 10

Hofladen in der Spargelzeit
Öffnungszeiten:
Mo–Fr 8.00–17.00 Uhr
Sa u. So 8.00–12.00 Uhr

Die unscheinbaren Erhebungen westlich und nordwestlich von Dürrenhofe sind Dünenformationen, die nach dem Rückzug des Eises vor über 10.000 Jahren angeweht wurden. Darin eingebettet bildete sich in der Folgezeit ein Moor heraus, in dem bis vor etwa zwanzig Jahren Torf gestochen wurde. Heute ist das *Dürrenhofer Moor* unter Schutz gestellt, auf einem kleinen Pfad kann man die Schönheiten des kleinen Biotops entdecken. Dabei muss man schon mal etwas genauer hinsehen, denn der schillernde Sonnentau oder die ungiftige rote Moosbeere sind echte Kleindarsteller im faszinierenden Reich der Moorpflanzen. Schön ist der Blick über den malerischen *Dürrenhofer See* auf das waldbestandene Ufer.

Radwanderung Groß Wasserburg – Köthen – Krausnick – Groß Wasserburg: ca. 16 km (Karte S. 26)

Diese Rundtour ist nicht gerade lang, dafür sind aber auch Höhenunterschiede zu überwinden. Größtenteils führt der Weg durch den Kiefern- und Mischwald der Krausnicker Berge. Zwischen Groß Wasserburg und Krausnick folgen wir der Beschilderung des Gurkenradweges, dann der des Hofjagdradweges. Alle drei Dörfer haben Gasthäuser, man kann sich also Zeit lassen und die ländliche Geruhsamkeit auf sich wirken lassen.

Am Köthener See (li.)
In Köthen (re.)

Von Groß Wasserburg geht es in Richtung **Köthen**. Das malerisch gelegene Dörfchen hat dem nördlich angrenzenden See seinen Namen gegeben. Wer möchte, kann hier baden. Die Wasseroberfläche liegt auf der Ebene des Unterspreewaldes aber etwa hundert Meter tiefer als die höchste Erhebung der *Krausnicker Berge*. Eine Gletscherzunge reichte hier während der letzten Eiszeit in das hügelige

Kirche Krausnick
Ev. Pfarramt Krausnick
Dorfstraße 125, 15910 Krausnick
Fon (03 54 72) 224
Kirche geöffnet nach Vereinbarung

CargoLifter
Briesen-Brand 1, 15910 Krausnick
Fon (03 54 77) 600
Fax -60101
E-Mail: info@cargolifter.com
www.cargolifter.com
Öffnungszeiten:
Jan. bis März
Di – So 10.00 – 17.00 Uhr
(letzter Einlass 16.00 Uhr)
April bis Okt.
Di – So 9.00 – 18.00 Uhr
(letzter Einlass 17.00 Uhr)

Moränengebiet hinein und hinterließ nach ihrem Abtauen den lang gezogenen See. Noch mehr Seen begegnen uns weiter südlich. Nacheinander sind das rechts von uns Picher-, Mittel- und Schwanensee. Das wellige Gebiet, in das insgesamt sieben Seen eingebettet sind, ist sehr reizvoll und wer möchte, kann seine Wanderung hier ein wenig ausweiten. Nachdem wir den Schwanensee passiert haben, biegt der Weg links ab. Er geht bergan zur höchsten Erhebung der Unterspreewald-Region, dem 144 Meter hohen Wehlaberg.

Dem Gurkenradweg folgend, erreichen wir nach gut vier Kilometern **Krausnick**. Eine Sehenswürdigkeit ist die *Kirche* oberhalb des Dorfes. 1726 – 28 wurde sie im Fachwerkstil mit achteckigem Turmaufsatz erbaut. Der Grundriss gleicht einem griechischem Kreuz, deswegen wird sie auch Kreuzkirche genannt. Wir verlassen Krausnick auf dem Hofjagdradweg in Richtung Groß Wasserburg, wo wir wieder zum eigentlichen Unterspreewald zurückkommen.

Im Westen von Krausnick, auf einem ehemaligen Militärflugplatz werden einmal riesige Luftschiffe für den Schwerlasttransport zusammengebaut und gewartet – bekannt ist dieses innovative Zukunftsprojekt unter dem Namen *„CargoLifter“*.
In einem Besucherzentrum präsentiert sich das Unternehmen mit all seinen Visionen – für Technik-Begeisterte, Luftfahrtfreunde oder einfach nur neugierige Menschen ein absolutes Muss und ein gelungener Kontrast zu den Naturschönheiten der Region. Faszinierender Höhepunkt eines Besuchs ist der Bustransfer zur *Werfthalle*. Sie ist mit einer Länge von 360 Metern, mit 210 Metern Breite und 107 Metern Höhe die größte freitragende Halle der Welt – ein spektakuläres Beispiel für die Ingenieurkunst der Gegenwart. Die Größe der Halle gibt dem menschlichen Verstand Rätsel auf, denn ihre Dimensionen sind kaum nachvollziehbar.

Erst wenn ein Bus an der silbernen Längskuppel vorbeifährt, ein Mensch durch die Halle geht oder wenn die vorgetragenen Vergleiche mit Fußballfeldern und Jumbojets im Kopf zurechtgerückt werden, mag man erahnen, wie gigantisch die Halle tatsächlich ist. Die Hauptzufahrt liegt westlich des Geländes, Autofahrer nehmen die Autobahnabfahrt Staakow. Man kann aber auch von Osten, aus

Richtung Krausnick kommen, was für Spreewaldbesucher die günstigere Variante ist. Die schmale Straße führt durch das Waldgebiet der Krausnicker Heide, ist für Fahrradfahrer und PKW-Besitzer, nicht aber für Wohnmobile geeignet.

Bei Neu Lübbenau und **Leibsch** wandelt sich das Gesicht des Unterspreewaldes. Hauptspree und Puhlstrom vereinen sich hier zur Spree, die jetzt unaufhaltsam dem Neuendorfer See zustrebt. Grünland gibt den Blick in Richtung Horizont frei. Alles läuft in ruhigen Bahnen, auch die Spree, der man kaum anmerkt, dass sie fließt. Leibsch besitzt auf der grünen Wiese ein kleines *Freilichtmuseum* mit historischen wasserbaulichen Wehr- und Schleusen-Anlagen zum Bändigen der Spree. Eine intakte *Schleuse* gibt es aber auch, die den Dahme-Umflut-Kanal, der nördlich von Leibsch nach Westen abzweigt und über den Köthener See zur Dahme führt, mit der Spree verbindet. Der Kanal entstand in den Jahren 1908 –12. Sein Hauptzweck lag darin, überschüssige Wassermengen von der Spree wegzuführen, um den Spreewald zu entwässern.

Fremdenverkehrsbüro
„Märkische Heide"
Hauptstr. 5a, 15910 Alt Schadow
Fon u. Fax (03 54 73) 782

Amt Märkische Heide
Dorfstr.13 a, 15913 Groß Leuthen
Fon (03 54 71) 851-44
Fax -85155
E-Mail: info@maerkische-heide.de
www.maerkische-heide.de

Touristisch erschlossen mit mehreren Campingplätzen und diversen Badestellen zeigt sich der *Neuendorfer See*. An seinem Ufer liegen die Orte Neuendorf, noch zum Amt Unterspreewald gehörend, und Alt Schadow im Amt Märkische Heide. Der See und die durchfließende Spree sind sehr gute Wassersportreviere, der See vor allem für Surfer, die zum Schwielochsee mäandrierende Spree besonders für die Freunde des Kanadier- und Kajaksports.

Zehn Kilometer südöstlich von Alt Schadow liegt **Groß Leuthen**. Ein mächtiges *Schloss* lädt hier zu näherer Betrachtung ein. Es grenzt direkt an den *Groß Leuthener See*. Der herrliche Blick reicht bis zum östlichen Ufer hinüber. Am Schloss wurde viel gebaut in

Groß Leuthener See

Schlossbesichtigung Groß Leuthen:
Fon (03 54 71) 202 20

„Rohkunstbau"
Fon 0175-869 51 46
E-Mail: info@rohkunstbau.de
www.rohkunstbau.de

den Jahrhunderten seines Bestehens, aller Wahrscheinlichkeit nach geht es im Ursprung auf das 15./16. Jh. zurück. Durch Umbauten im 19. und 20. Jh. erhielt die Anlage ihr teilweise monumentales Antlitz. Die bauliche Erweiterung um den massiven historisierten Burgturm unter Leitung des Architekten Bodo Ebhardt zu Beginn des 20. Jh.s prägt in entscheidender Weise das Erscheinungsbild. Das Schloss ist heute im Besitz der „Stiftung Großes Waisenhaus zu Potsdam", die einen Teil als Kinderheim nutzt. Die anderen aufwändig gestalteten Räumlichkeiten können in den Sommermonaten an den Wochenenden zu festen Zeiten oder nach Voranmeldung besichtigt werden. Dort finden auch diverse Veranstaltungen statt, darunter alljährlich im August die *„Rohkunstbau"*, eines der wichtigsten Kultur-„Events" im Land Brandenburg. Die Organisatoren verknüpfen bewusst bildende und darstellende Kunst miteinander, setzen mit Kunstausstellung, Lesung, Diskussion, Theater, Tanz und/oder Performance eine kulturelle Landmarke am Groß Leuthener See. Und wer sich dem kurzen sommerlichen Trubel am Schloss entziehen will, kann dies bei einer etwa anderthalbstündigen Wanderung rund um den See tun. Eine Badestelle ist auch vorhanden.

Bodo Ebhardt – Burgen waren seine Passion

Der 1865 in Bremen geborene Bodo Ebhardt war in den Jahren der Regentschaft Kaiser Wilhelms II. der wohl meistbeschäftigte Burgenrestaurator Deutschlands. Sein wichtigstes Werk war im Auftrage des Kaisers die Wiederherstellung der Hohkönigsburg bei Schlettstadt (Sélestat) im Elsass. Herausragende Arbeit leistete er auch bei der Erneuerung der Marksburg über dem Rhein und der Veste Coburg. Ganz dem Historismus verpflichtet und im Bewusstsein, dass der Zerstörung erhaltenswerter Burgen Einhalt geboten werden muss, gründete Ebhardt 1899 die „Vereinigung zur Erhaltung deutscher Burgen", deren Folgeorganisation, die Deutsche Burgenvereinigung, die Arbeit ihres Gründers bis heute fortsetzt.

Dass Ebhardt zuweilen seinerseits in historische Bausubstanz eingriff, um der persönlichen Vorstellung einer mittelalterlichen Burg gerecht zu werden, trug ihm schon zu Lebzeiten Kritik ein und entspricht wohl auch nicht mehr unserem derzeitigen Verständnis von Denkmalpflege. Auf der anderen Seite kann man einräumen, dass Ebhardts Arbeiten inzwischen selbst zu Denkmalen geworden sind.

Ebhardt starb im Februar 1945 auf der Marksburg, die durch Kriegseinwirkung nur wenige Wochen später schwer beschädigt wurde.

Der Schlangenfänger vom Spreewald

In alten Zeiten wimmelte es im Spreewald nur so von Schlangen und die Menschen wären froh gewesen ihr Tagewerk ohne Gekreuch und Gefleuch in den Wiesen und Büschen verrichten zu können. Da kam es zupass, dass eines Tages ein Mann seine Hilfe anbot, dieser Landplage Herr zu werden.

Er wandte sich an die Spreewälder Bauern, sie sollten zum ersten Mai eine Grube ausheben und ein Brett darüber legen. Darauf wolle er sich stellen und mit seiner Flöte eine Melodie anstimmen. Die Schlangen würden herbeieilen und in die Grube fallen. Würde er aber gebissen werden und selbst in die Grube fallen, so solle man schnell Erde über ihn werfen, damit die Schlangen ihn nicht elendig todbissen. Es kam der erste Mai und die Bauern versammelten sich in den Bäumen um die Grube. Der Mann blies in seine Flöte und der betörende Klang schallte über das Land. Es dauerte nicht lange und die Schlangen krochen aus sämtlichen Himmelsrichtungen herbei, allen voran die gekrönten Schlangenkönige mit Gold und allerlei Edelsteinen. Glücklich sahen die Menschen, dass der Zauber seine Wirkung tat. Das Getümmel war groß und die Schlangen stürzten sich auf den Spieler, vor dessen Füßen sie in die Grube fielen. Doch es geschah, wie der wundersame Flötenspieler geahnt hatte. Einige Schlangen sprangen so weit, dass sie in des Spielers Beine beißen konnten und er in die Grube fiel. Rasch taten die Bauern, wie dieser ihnen befohlen hatte. Sie nahmen ihre mitgebrachten Schaufeln und füllten die Grube mit Erde, verschütteten die Schlangen mitsamt dem Fremden. Traurig über den Tod des edlen Helfers, waren die Spreewälder doch froh, der Plage entkommen zu sein und fortan ohne Schlangen leben zu können.

Gurken-
radweg
Dahme-Umflutkanal
Märkisch
Buchholz
Dahme
NSG
Neuendorfer See
Neuendorf
am See
Neu Schadow
Europa-
wanderweg
NSG
Verlandungszone
Köthener See
Leibsch
Köthener
See
Köthen
Oderin
Neu Lübbenau
179
NSG
Heideseen
Krausnicker
Groß
Wasserburg
Naturschutzgebiet
Wehlaberg
Berge
Gurken-
radweg
Luchsee
NSG
Puhlstrom
Innerer
Spree
Agrarhistorisches
Museum
CargoLifter
World
Krausnick
Schlepzig
Gurkenradweg
Meiereisee
Grenze Biosphärenreservat
Unterspreewald
Bugkgraben
Spree
Gurken-
radweg
Schönwalde
A13
Freiwalde
Groß Lubolz
Hartmannsdorf
Lubolz
Klein
Lubolz
Kabelgraben
Gurken-
radweg
LÜBBEN

Großer Kossen-blatter See
Swenow-see
Kossenblatt
Alt Schadow
Spree
Spree
Schwarzer Berg
Grenze Biosphärenreservat
Plattkow
Briescht
Gurkenradweg
Pretschen
Pretschener Spree
Landgraben
Rocher
Rocher Mühlenfließ
Wittmannsdorf-Brückchen
Wittmannsdorf
Wiese
Mittweide
Bückchen
Schuhlen - Wiese
Schuhlen
Kuschkow
Gröditsch
Rundwanderweg Groß Leuthener See
Schloss Groß Leuthen
Groß Leuthener See
Klein Leuthen
Dürrenhofer Moor
Groß Leuthen
Ressen
Dürrenhofe
Krugau
Leibchel
Botta
Neukrug
Ressener Mühlenfließ
Guhlen
Dollgen
Dollgensee
Landgraben
Glietz
Birken-hainchen
Groß Leine
87
Biebersdorf
Klein Leine
Briesener See
Caminchen
Briesensee
Information
Naturschutz-Information
Kirche
Schloss/Herrenhaus
Museum
Kahnabfahrtsstelle/Bootsverleih
Windmühle
Aussichtspunkt
Campingplatz
Fahrradverleih
Radtour S. 21
Gurkenradweg siehe S. 122
Europawanderweg E10
0
2 km
N

BIOSPHÄRENRESERVAT SPREEWALD

Biosphärenreservat Spreewald
Schulstraße 9
03222 Lübbenau
Fon (035 42) 89 21-0
Fax -89 21 40
E-Mail:
br-spreewald@lags.brandenburg.de

Außenstelle Schlepzig (↗)
Dorfstraße 52
Fon (03 54 72) 276
Fax -648 99
E-mail: Biosphärenreservat Schlepzig@t-online.de

Außenstelle Burg (↗)
Byhleguhrer Straße 17
03096 Burg
Fon (03 56 03) 69 10
Fax -691 22
E-mail: Biosphärenreservat-Spreewald@t-online.de
Termine der Naturwacht:
www.naturwacht.de/html_nw/gebiete/Spreewald/termine.html

„Haus für Mensch und Natur"
Dauerausstellung zur Entstehung der Kulturlandschaft Spreewald und zum Biosphärenreservat
Schulstraße 9, 03222 Lübbenau
Fon (035 42) 89 21 30
Öffnungszeiten:
täglich von 10.00–17.00 Uhr
Nov. bis März
Mo–Fr 10.00–16.00 Uhr
sowie nach Vereinbarung

Mit dem Spreewald hinterließ uns die letzte Eiszeit ein Geschenk, das in seiner natürlichen Vielfalt von unschätzbarem Wert ist. Man unterscheidet den Oberspreewald zwischen Lübben, Straupitz und Vetschau im Süden und den Unterspreewald rund um Schlepzig weiter nördlich. Entstehungsgeschichtlich ist der etwa 300 km² große Oberspreewald Teil des Glogau-Baruther Urstromtals. Er markiert damit die Linie des weitesten Eisvorstoßes zur Zeit der Weichsel-Vereisung vor etwa 20.000 Jahren. Der Unterspreewald (100 km²) entstand dagegen erst, als die Gletscher sich schon auf dem Rückzug befanden. Beide Teilregionen nahmen im Gesamtzusammenhang der Urstromtäler riesige Mengen Schmelzwasser auf, die ihren Weg letztlich in die Nordsee fanden. Mit der auf die Vereisung folgenden Warmzeit konnte sich die Spree in der Ebene ungehindert ihre Wege bahnen. Weil das Relief kaum von Höhenunterschieden geprägt war, führte dies im Postglazial (Nacheiszeit) zur Herausbildung eines in Mitteleuropa einzigartigen labyrinthischen Binnendeltas mit zahlreichen Fließen und dazwischen liegenden Schwemmsandinseln, Kaupen genannt – vom sorbischen/wendischen Wort für Inseln: kupa.
Der Spreewald entwickelte sich – wie der Name bereits andeutet – zu einem natürlichen Waldgebiet mit Elchen und Hirschen, Bären und Wölfen. Durch die Ankunft des Menschen änderte sich dieser Zustand nach und nach. Erst vor wenigen Jahrhunderten, begann er, auch den inneren Spreewald zu besiedeln und zu nutzen. Mühsam drang man in die sumpfige, von Urwald bedeckte Niederung vor, um vor allem ab dem 18. Jh. im Zuge umfangreicher Rodungen immer größere Gebiete landwirtschaftlich zu nutzen. Die Natur des Spreewaldes veränderte sich grundlegend. Im

Stieleichen-Hainbuchenwald

18. Jh. machte nur noch ein Drittel des Oberspreewaldes seinem Namen alle Ehre. Mit der Erlegung der Elche verließ ein ehemals gewichtiger Bewohner gezwungenermaßen diesen Landstrich, auch Bären und Wölfe verschwanden.

Flora und Fauna sind heute dennoch überaus artenreich; etwa 18.000 Pflanzen- und Tierarten finden im Spreewald Lebensraum, darunter nicht wenige, die andernorts bereits ausgestorben oder in ihrem Bestand gefährdet sind.

Viele Arten wurden erst heimisch, nachdem der Mensch durch die ihm eigene Landnutzung neue Lebensräume geschaffen hatte. Allein 830 verschiedene Schmetterlingsarten bevölkern die Lüfte, mit ihnen mehr als 270 Vogelarten, darunter Schwarzstorch, Eisvogel, Reiher und Fischadler, Bekassine und Wiedehopf – selbstverständlich findet sich alljährlich Mitte März auch der Weißstorch im Spreewald ein.

Gebänderte Prachtlibelle

Etliche Libellenarten, so die in ihrem Bestand gefährdeten Blauflügel- und Gebänderten Prachtlibellen oder verschiedene Keiljungfern, sind Ausdruck einer faszinierend abwechslungsreichen Fauna. Im Wasser leben 113 Muschel- und Schneckenspezies, nicht zu vergessen 36 verschiedene Fischarten, wie Quappe, Schlammpeizger und Schmerle, Bitterling, Stichling, Zander und Wels. Bei den Säugetieren wurden 36 Arten gezählt, mit dabei der gefährdete Fischotter und die verschiedensten Fledermäuse.

Die Liste ist lang und die Erforschung der einzelnen Spreewald-Biotope wird wohl noch eine geraume Zeit in Anspruch nehmen. Vor allem bei der Pflanzenkartierung hat man noch einen langen Weg vor sich. Erfasst sind mittlerweile über 1.600 Arten, fast 600 davon gelten in Deutschland in ihrem Bestand als bedroht, darunter auch verschiedene Sonnentaugewächse und Orchideen.

Das 1990 gegründete und ein Jahr später von der Organisation der Vereinten Nationen für Erziehung, Wissenschaft und Kultur (UNESCO) anerkannte Biosphärenreservat Spreewald ist eines von fünfzehn Großschutzgebieten in Brandenburg. Es unterstreicht in besonderer Weise die erfolgreichen Bemühungen des Landes, den natürlichen Reichtum zwischen Elbe und Oder zu bewahren.

Das Reservat erstreckt sich auf einer Fläche von 48.000 Hektar. Gemäß den weltweit gültigen Richtlinien wurde das Gebiet in verschiedene Zonen eingeteilt. Etwa ein Fünftel ist als Naturschutzgebiet – Kern- und Pflegezone – ausgewiesen, der übrige Teil ist Landschaftsschutzgebiet.

Kiebitz, ein Wiesenbrüter

Leberblümchen, Frühblüher im Buchenhain

Lichtnelken, blühen im Frühsommer auf ungedüngten Feuchtwiesen

Helm-Knabenkraut, blüht auf kalkgrundigen Wiesen im Unterspreewald

Sommer-Knotenblume, südeuropäische Auwaldpflanze, blüht im kälteschützen Erlenwald

Die Bedeutung des Biosphärenreservates für den Naturschutz geht weit über die Grenzen Brandenburgs hinaus. Eine ganze Reihe der in der EU-Richtlinie zur Erhaltung natürlicher Lebensräume sowie wildlebender Tiere und Pflanzen (Flora-Fauna-Habitat-Richtlinie) aufgeführten Lebensräume, für deren Erhaltung in der Europäischen Union besondere Schutzgebiete ausgewiesen werden müssen, sind im Spreewald noch häufig zu finden. Dazu zählen beispielsweise Restbestände von naturnahen Erlen- und Eschenwäldern an Fließgewässern, Niederungswälder, Binnendünen oder auch Unterwasservegetationen in Fließgewässern, so die im Spreewald weit verbreiteten Wasserfeder- oder Seerosen-Gesellschaften.

Im Spreewald soll, wie in allen Biosphärenreservaten weltweit, die vom Menschen geschaffene Kulturlandschaft in ihrer Vielförmigkeit und mit ihrem Artenreichtum erhalten und entwickelt werden. Ziel des Biosphärenreservates ist es, die parkartige Gestalt des Spreewaldes mit ihren kleinflächigen Äckern und Wiesen, den märchenhaften Hochwäldern und Spreefließen umfassend und auf lange Sicht ökologisch zu betreuen. Der Mensch nimmt dabei im Ökosystem als Nutzer und Gestalter der Landschaft einen besonderen Platz ein.

Anstatt ausgebildeter Landschaftspfleger sollen extensiv wirtschaftende Landwirte die Kulturlandschaft erhalten helfen. Schon heute werden beispielsweise über das Biosphärenreservat – im Rahmen des Vertragsnaturschutzes zur Erhaltung der Artenvielfalt in der Wiesenlandschaft und zur Landschaftspflege – erhebliche finanzielle Mittel an die Bauern im Schutzgebiet verteilt. Modellhaft gilt es zu zeigen, wie Leben im ländlichen Raum für die Zukunft organisiert werden muss und eine nachhaltige Nutzung gesichert werden kann. Gerade vor dem Hintergrund, dass im Süden Brandenburgs in den 1990er-Jahren tausende Arbeitsplätze im Braunkohle-Tagebau und in den Großkraftwerken weggefallen sind, ist die Entwicklung des ländlichen Raums von herausragender Bedeutung.

Der wachsende Tourismus im Spreewald hat zahlreiche neue Arbeitsplätze geschaffen und ist mehr noch als früher zum ökonomischen Standbein geworden. Es zeigt sich aber auch, dass aus dem Verhältnis von Tourismus (und damit auch der wirtschaftlichen Entwicklung) und Umweltschutz Probleme erwachsen. Der Spreewald, als überaus sensibel auf Umweltveränderungen reagierendes Areal, macht den Konflikt zwischen Naturerhaltung und Massentourismus besonders deutlich. Die Besucherströme noch besser zu lenken, ist eine Aufgabe, die sich für die Zukunft stellt, damit der Artenreichtum erhalten bleibt – so schwierig sich dies in der Realität auch erweisen mag.

Aufklärung über die Schutzwürdigkeit des Spreewaldes fördert zudem die Sensibilität im Umgang mit den Naturressourcen.

Die Verwaltung des Biosphärenreservates Spreewald trägt mit thematischen Ausstellungen in den drei Informationszentren in Lübbenau, Burg und Schlepzig dazu bei, die Spreewaldgäste über die biologischen und vom Menschen beeinflussten Zusammenhänge in der Region zu informieren.

Die Naturwacht lädt in allen Jahreszeiten zu geführten Wanderungen mit den verschiedensten Schwerpunkten. Tierbeobachtung und Exkursionen ins Reich der Pflanzen mit kundiger Begleitung sind spannend und lehrreich zugleich, helfen, das komplexe natürliche Gefüge im Spreewald besser zu verstehen. Je mehr der Einzelne weiß, umso eher ist er bereit, sich umweltschonend zu verhalten – der Spreewald dankt es und wird so hoffentlich auch kommenden Generationen als Anschauungsbeispiel für eine einzigartige Kulturlandschaft in der Mitte Europas dienen können.

Traditionell lagerte man das Futterheu im Spreewald auf den typischen Heuschobern, die auch heute im Rahmen der Landschaftspflege noch anzutreffen sind.
Das Heu wird zunächst kreisförmig aufgeschichtet. Den Abschluss bildet die in Längsrichtung aufgebrachte und geglättete Deckschicht. Sie sorgt dafür, dass das Regenwasser abläuft.

LÜBBEN UND SEIN HINTERLAND

Im nordwestlichen Oberspreewald

Stadt, Land, Fluss – eine kurze Beschreibung, die es auf den Punkt bringt. Lübben, Hauptort des Spreewaldes und Verwaltungsmittelpunkt des Landkreises Dahme-Spreewald, weites, zumeist unbewaldetes Land und mittendrin, neben einigen Fließen, der Nordumfluter, ein von Menschenhand geschaffener Seitenarm der Spree. Er ist eines der größten Gewässer im Spreewald und nördliches Pendant zum Südumfluter zwischen Burg und Lübbenau.

Die Landschaft ist vollkommen anders als im Unterspreewald bei Schlepzig, aber auch gänzlich verschieden zum inneren Oberspreewald oder zum kleinteiligen, zersiedelten östlichen bei Burg. Weite kennzeichnet das Lübbener Hinterland. Nur nördlich der Bundesstraße 320, in der Lübbener Stadtheide, und vereinzelt bei Alt Zauche gibt es Wald, landwirtschaftlich genutzte Flächen prägen allerorten das ebene Landschaftsbild.

Nordumfluter bei Alt Zauche

Touristen gehören, abgesehen vom Lübbener Kahnfährhafen und gelegentlich im Hafen von Alt Zauche nicht zum alles bestimmenden Bild. Im Großen und Ganzen geht es eher ruhig und gelassen zu. Wichtigste Route für Radwanderer ist der Abschnitt des Gurkenradwegs, der Lübben mit Alt Zauche verbindet und den malerischen Nordumfluter mal rechts, mal links begleitet.

Lübben ist mit den Zügen der Deutschen Bahn ausgezeichnet zu erreichen. Der stündlich verkehrende Regionalexpress benötigt vom Berliner Bahnhof Zoo nur etwa siebzig Minuten – Umsteigen nicht erforderlich.

... und das Fahrrad sollte in Lübben und seinem Hinterland immer dabei sein – egal ob das eigene oder gemietet –, aber das betrifft ohnehin den gesamten Spreewald.

Blick zur Paul-Gerhardt-Kirche

LÜBBEN (Lubin)

An der Nahtstelle zwischen Oberspreewald und Unterspreewald

Genau dieser Lage verdankt Lübben seine Existenz, denn nirgendwo sonst ließ sich von alters her die Spree im Spreewald besser überwinden als hier bei Lübben. Aus allen Himmelsrichtungen kommend, vereinen sich wichtige Verkehrswege in der Stadt, aus Cottbus und Guben, Luckau und Beeskow, Golßen und Königs Wusterhausen.

Der Großteil aller Besucher reist nach Lübben, um hier einen der Spreewald-Kähne zu besteigen. Der Kahnfährhafen ist neben dem in Lübbenau der größte in der Region. Doch Lübben, seit einigen Jahren „Staatlich anerkannter Erholungsort", bietet seinen Gästen mehr als nur eine Kahnfahrt. Blicken wir aber zunächst ein wenig zurück.

Die Ersterwähnung Lübbens fällt etwa auf das Jahr 1150 als „urbs lubin". Damit war zwar zunächst nur die Burg gemeint, doch schnell bildete sich in deren Schatten zwischen mehreren Spreearmen eine planmäßige Stadtanlage heraus. Lübben übernahm ab dem 15. Jh. mit drei anderen Städten in der Niederlausitz die Rolle einer landesherrlichen Stadt. Sie unterstand damit nicht dem regionalen Adel, sondern dem Landesherrn. Der wechselte ein paar Mal. Auf die böhmisch-ungarischen Könige folgten die Habsburger in Wien und anschließend ab 1623 die Wettiner – anders gesagt, die Sachsen, die ab 1806 die Königskrone trugen. Lübben war zu sächsischer Zeit Sitz einer Oberamtsregierung. So kam der Wechsel zu Preußen 1815 einer Zäsur gleich, denn die Einführung der preußischen Verwaltungsstrukturen bedeutete für Lübben eine Degradierung. Immerhin blieb der Ort Kreisstadt – und die Funktion füllt Lübben auch heute noch aus.

Tourismus, Kultur und Stadtmarketing
Ernst-von-Houwald-Damm 15
15907 Lübben
Fon (035 46) 30 90 u. 24 33
Fax -25 43
E-Mail: spreewaldinfo@t-online.de
www.luebben.de

Veranstaltungen in Lübben:

Mai bis Sept.
Spreewaldsommer mit Schützen-, Schober-, Hafenfesten

Juni bis Aug.
Kahnnächte

3. Sept.-Wochenende
Spreewaldfest

Okt. bis März
Winterkonzerte im Wappensaal des Schlosses

Es setzte sich im Zuge der Gebietsreform bei der Neubildung des Kreises Dahme-Spreewald 1993 gegen Königs Wusterhausen und Luckau durch. Nicht immer hatte die Stadt so viel Glück. Die Geschichte zählt in den nicht einmal hundert Jahren zwischen 1528 und 1620 sechs große Brände. Immer bauten die Lübbener ihre Stadt wieder auf, auch nach den verheerenden Zerstörungen des Zweiten Weltkrieges, als Ende April 1945 achtzig Prozent in Trümmer fielen. Noch immer sind einige damals geschlagene Wunden erkennbar. So wie man in den letzten Jahren an die Sanierung und den forcierten Wiederaufbau der Innenstadt gegangen ist, werden aber auch die letzten Lücken bald geschlossen sein.

Touristisches Zentrum

Lübben hat mit seinen sechs Ortsteilen Steinkirchen, Neuendorf, Treppendorf, Lubolz, Hartmannsdorf und Radensdorf etwa 15.000 Einwohner. Erster Anlaufpunkt für Besucher ist für gewöhnlich das vor einigen Jahren errichtete *Touristische Zentrum* mit dem 1998 neu eröffneten *Kahnfährhafen* am westlichen Ende des Ernst-von-Houwald-Damms (Houwald ↗ Straupitz).

Hier herrscht von Frühjahr bis Herbst reger Betrieb, Kähne legen an und ab, Gurken und Meerrettich wechseln für ein paar Euro ihre Besitzer ... vor allem aber kann man sich hier mit allen erforderlichen Informationen eindecken, die man benötigt, um über eine Kahnfahrt hinaus Lübben und seine Region unsicher zu machen. Anders als in Lübbenau, wo sich den Fährleuten im inneren Oberspreewald ein ganzes Bündel an Fließen bietet, ist das Gewässernetz der Spree in und um Lübben überschaubar. Neben dem großen Kahnfährhafen gibt es noch drei weitere An- und Ablegestellen. Die Fährleute staken während der zwei- bis dreistündigen Touren vornehmlich durch das Stadtgebiet von Lübben. Drei Schleusen werden dabei passiert.
Einer der Höhepunkte ist der Abschnitt auf der Berste durch das *Naturschutzgebiet Hain*, ein Waldgebiet mit Hainbuchen und etwa zweihundert Stieleichen, die mit 180 – 250 Jahren schon über ein beträchtliches Alter verfügen. Der Hain kann auf einem neu angelegten Wegenetz auch zu Fuß erschlossen werden. Ganztagesfahrten mit dem Kahn führen von Lübben zumeist in den Unterspreewald nach Schlepzig und Groß Wasserburg. Die Hauptspree erweist sich dabei auf dem Hinweg als gefügiger Helfer – es geht mit der Strömung. Zurück wird dann schon mal der Motor an-

Kahnfahrt

geworfen, denn flussaufwärts zu staken bei einer Wassertiefe von bis zu sechs Metern, ist mit einem vier Meter langen Rudel nicht möglich. Einige Fahrten haben auch Lübbenau als Ziel.

1945 ist die kleinteilig bebaute Innenstadt mit dem Rathaus, vielen Bürgerhäusern und der wendischen Kirche größtenteils vernichtet worden. Die Stadtplanung der Nachkriegszeit nahm auf das historische Straßenmuster kaum Rücksicht. Das hat man jüngst mit den Neubauten erfolgreich zu revidieren versucht, um dem Zentrum Lübbens wieder ein geschlossenes Bild zu geben.

Im Mittelpunkt der früheren Altstadt steht die *Paul-Gerhardt-Kirche*, ein dreischiffiges Gebäude, das wegen eines Stadtbrandes wahrscheinlich in der Zeit von 1494 bis 1550 unter Einbeziehung von Teilen des Vorgängers errichtet wurde. Paul Gerhardt, hier im Grabgewölbe des Altarraums beigesetzt, ist seit 1930 Namenspatron der Lübbener Hauptkirche. Bis dahin hieß sie, wie viele städtische Gotteshäuser in Brandenburg, Sankt Nikolai. Der Turm erlitt 1945 erhebliche Schäden, die man bis 1988 beseitigen konnte. Das Kirchenschiff blieb in der Geschichte von Zerstörungen verschont. So blieben die schwungvollen Sterngewölbe und ebenso die größtenteils im Stil der Renaissance gefertigte Innenausstattung erhalten.

Paul-Gerhardt-Kirche

Ev. Pfarramt Lübben
Paul-Gerhardt-Straße 2
15907 Lübben
Fon (035 46) 31 22
Öffnungszeiten
Paul-Gerhardt-Kirche:
telefonisch erfragen
Gottesdienst: So 9.30

Blickfang im Chorraum ist der in Kalkstein gehauene Altaraufsatz, ein feingliedriges Werk von 1609, in dem einige Lebensstationen Jesus' und Bibelszenen dargestellt sind. Aus der gleichen Zeit und vom selben Künstler, dem sächsischen Bildhauer Samuel Hanauer, stammen das Taufbecken und die Kanzel – auch aus Kalkstein. Etwa neunzig Jahre jünger ist der hölzerne Schalldeckel. Emporen in beiden Seitenschiffen und zahlreiche Epitaphe und Grabmäler schmücken das insgesamt eher schlicht gehaltene Innere der Paul-Gerhardt-Kirche. Schließlich sei noch die klangschöne Orgel erwähnt. Geschaffen wurde sie im Jahre 1845, 1906 von der traditionsreichen Potsdamer Firma Schuke und nochmals in den 1990er-Jahren überholt. Bespielt wird sie bei Gottesdiensten und im Rahmen von Sonderkonzerten.

Vor dem Hauptportal der Kirche erinnern die Lübbener mit einem 1907 aufgestellten *Denkmal* an ihren berühmten *Pfarrer Paul Gerhardt*, ein Werk des Berliner Bildhauers Friedrich Pfannschmidt.

Stadtmauer an der Spree

Wenn man von der Lübbener Stadtkirche über Markt und Haupt- oder Poststraße in Richtung Westen läuft, trifft man am rechten Ufer der Hauptspree nördlich der Brücke auf einen Rest der alten *Stadtmauer*. Vier bis fünf Meter hoch umschloss die im 14. Jh. angelegte Wehranlage bis zum 17. Jh. die Lübbener Altstadt. Den Kanonen des 30-jährigen Krieges war sie nicht gewachsen, erlitt beträchtliche Schäden, die man nur provisorisch reparierte. Im 18. Jh. wurde sie zu großen Teilen niedergerissen. Erhalten blieb dieses kurze Stück mit einem Wiekhaus (↗ Prenzlau in Bd. Die Uckermark) im Süden, dem so genannten *Trutzer*, und einem Turm im Norden, dem *Speck- oder Hexenturm*.

Ein weiterer erhaltener Abschnitt steht in der südlichen Innenstadt in Verlängerung der Straße „Hinter der Mauer". Dort flankieren auf beiden Seiten zwei bedeutende historische Gebäude den Ernst-von-Houwald-Damm. Nördlich das *Ständische Landhaus* und südlich das Lübbener Schloss. Mit dem Ständischen Landhaus, erbaut 1717–22 erhielt Lübben ein dreiflügeliges barockes Gebäude, in dem fast zweihundert Jahre lang die ständische Verwaltung der Niederlausitz Quartier nahm. Die für das Ständische Landhaus maßgebliche politische Zugehörigkeit zur Niederlausitz zeigt sich am Provinzialwappen mit dem Stier, das über allen drei Zugängen angebracht ist. Heute ist das Haus Sitz des Landratsamtes für den Kreis Dahme-Spreewald.

Schloss Lübben

Blickfang südlich vom Ernst-von-Houwald-Damm ist das Lübbener *Schloss*. Es steht an der Stelle, wo im Mittelalter eine Wasserburg den Spreeübergang kontrollierte. Die Anlage setzt sich aus mehreren Teilen zusammen. Ältester, im Kern wahrscheinlich noch auf das 14. Jh. zurückgehend, ist der äußerlich schlichte Turm, dessen Mauern eine beeindruckende Dicke von bis zu 2,50 Metern aufweisen. Das Innere schmückt sich mit einem kunstvoll ausgemalten Wappensaal, in dem sich früher die Stände zusammenfanden. 115 auf die Wand gemalte Niederlausitzer Städte- und

Adelswappen veranschaulichen den heraldischen Reichtum der brandenburgischen Teilprovinz, die sich bis zum Ende des Zweiten Weltkriegs jenseits der Neiße noch bis zum Fluss Bober erstreckte. So findet man etwa auch die einstige Kreisstadt Sorau verewigt, die als Żary heute zu Polen gehört. Darüber hinaus zeigt ein Wandbild den Einzug des brandenburgischen Kurfürsten Friedrich II. 1448 in Lübben. Friedrich, verheiratet mit Katharina von Sachsen, hatte in jenem Jahr die gesamte Niederlausitz als Pfand erhalten, musste sie aber 1462 fast gänzlich wieder abgeben. Die reiche Ausschmückung beruht auf der Neugestaltung des Turms in den Jahren 1914/15.
Der eigentliche Schlosstrakt entstand im Auftrag Herzog Christians I. von Sachsen 1679–82 unter Verwendung baufälliger Mauern des im 30-jährigen Krieg schwer in Mitleidenschaft gezogenen Vorgängers. Die Zeit der Renaissance spiegelt sich in den Schweifgiebeln wider, insbesondere an der schmuckreichen nach Osten ausgerichteten Seite.

Wappensaal im Schloss

Im Erdgeschoss des Schlosses hat sich ein Restaurant eingemietet. Die Obergeschoss-Räume beherbergen wieder ein *Stadt- und Regionalmuseum*, nachdem der Vorläufer im Zweiten Weltkrieg in Flammen aufgegangen war. Das neu gegründete Lübbener Museum gewährt Einsicht in die Geschichte und Kultur der Niederlausitz, speziell des ehemaligen Kreises Lübben, und schwenkt thematisch mit seinen Ausstellungsstücken bis in die Ur- und Frühgeschichte. Zum Teil dürfen die Besucher die Exponate auch anfassen. Besonderheit ist ein virtuelles Stadtmodell am Bildschirm, das in die Zeit vor 1945 zurückführt. Selbstverständlich ist Paul Gerhardt, der große protestantische Liederdichter und Lübbener Pfarrer nicht aus der Geschichte der Stadt wegzudenken. Dem trägt auch das Museum Rechnung, indem es sein Leben und Werk vorstellt.

Museum Schloss Lübben
Ernst-von-Houwald-Damm 14
15907 Lübben
Fon (035 46) 18 74 78
Fax -18 63 69
E-Mail: stadt_luebben.
museum@t-online.de
Öffnungszeiten:
Mai bis Sept.
Di–So 10.00–18.00 Uhr
Okt. bis April
Mi–Fr 10.00–16.00 Uhr u.
Sa, So 13.00–17.00 Uhr

Geh aus, mein Herz und suche Freud'

Geh aus, mein Herz, und suche Freud'
in dieser lieben Sommerszeit
an deines Gottes Gaben;
schau an der schönen Gärten Zier
und siehe, wie sie dir und mir
sich ausgeschmücket haben,

Die Bäume stehen voller Laub
das Erdreich decket seinen Staub
mit einem grünen Kleide;
Narzissus und die Tulipan
die ziehen sich viel schöner an
als Salomonis Seide.

Paul Gerhardt

Paul Gerhardt – der Dichterpfarrer

Geboren wurde Paul Gerhardt im Jahre 1606 im Städtchen Gräfenhainichen bei Dessau als Sohn des dortigen Bürgermeisters. Sein schulischer Weg brachte ihn an die Fürstenschule Grimma, damals eine der bedeutendsten Lehranstalten, in der neben der christlichen Lehre, Musikerziehung und Sprachen auf dem Stundenplan standen. Es war eine harte Zeit, der 30-jährige Krieg war ausgebrochen und forderte mit dem Aufkommen der Pest seinen Tribut.

1628 begann Gerhardt in Wittenberg sein Theologiestudium. Der Krieg wird auf seinen Werdegang großen Einfluss ausgeübt haben, denn auch die Heimatstadt Gräfenhainichen fiel 1637 in Schutt und Asche.

Etwa fünf Jahre vor Kriegsende zog es Gerhardt nach Berlin. Hier setzte er seine Dichtkunst, die in Wittenberg ihre Anfänge genommen hatte, erfolgreich fort. Später wurde er sechs Jahre Propst in Mittenwalde, dann folgte erneut eine Zeit in Berlin – als Pfarrer bei der St. Nikolai-Gemeinde. Es war die Ära des Großen Kurfürsten, der das lutherische Bekenntnis mit dem reformierten zu vereinigen suchte – für Paul Gerhardt, der Lutheraner war, ein unannehmbarer Gedanke. Er verlor zunächst sein Amt, wurde aber auf Drängen der Gemeinde wieder eingestellt. Trotzdem verließ er 1669 Berlin und Preußen und wechselte ins sächsische Lübben, wo er an der deutschen Kirche als Pfarrer und Archidiakon tätig wurde, vergleichbar mit einem heutigen Superintendenten. Dort in Lübben starb Gerhardt kurz vor seinem 70. Geburtstag.

Er hinterließ ein Werk mit 133 Liedern, darunter bekannte wie „Nun ruhen alle Wälder", „O Haupt voll Blut und Wunden" und „Geh aus mein Herz und suche Freud". Sein meistgesungenes Lied ist aber wohl „Befiehl Du Deine Wege". Bis heute gilt Gerhardt, neben Martin Luther, als der bedeutendste Kirchendichter des deutschen Protestantismus'.

Südlich dem Schlossareal vorgelagert, zwischen dem schmalen Schlangengraben, der Hauptspree und dem Burg-Lübbener-Kanal lädt die *Schlossinsel* zu einem entspannten Rundgang ein. Zwischen 1997 und 2000 hat man historische Sichtbeziehungen wieder hergestellt und Gewässer nach alten Vorlagen rekonstruiert. Das etwa sechs Hektar große Eiland wurde zu einem weitläufigen parkartigen *Freizeitgelände* umgestaltet. Nach 1945 entledigten sich die Lübbener hier noch ihres Kriegsschutts. Heute nutzt die Stadt die große Freifläche im Innern der Insel als Veranstaltungs-

ort für diverse übers Jahr verteilte Festlichkeiten. Reges Treiben herrscht im Sommer am Wasserspielplatz – den Kindern beim fantasievollen und zeitvergessenen Plantschen zuzusehen, macht diesen Abenteuerspielplatz auch für Erwachsene zum puren Vergnügen.
Einen Besuch wert sind außerdem verschiedene Gartenbereiche der Insel, darunter Klang- und Irrgarten.

Wasserspielplatz auf der Schlossinsel

Die B 115 (Richtung Lübbenau) bringt uns in den 1939 zu Lübben eingemeindeten Stadtteil **Steinkirchen**. Wo die Bundesstraße ihren Namen von Puschkinstraße zu Cottbuser Straße wandelt, biegt die Straße „Am Burglehn" nach links ab. Sie führt zu einem der bedeutendsten Bodendenkmale der Niederlausitz, den Resten eines etwa 140 mal 150 Meter großen *slawischen Burgwalls*. Man geht davon aus, dass die nahezu runde Erhebung schon im 7. Jh. n. Chr. als Befestigung diente, lange bevor an der Stelle des heutigen Schlosses eine deutsche Wasserburg angelegt wurde. Zur Zeit der deutschen Ostkolonisation im 12. Jh. ging der Wall in deutsche Hände über. Mit der Fertigstellung der neuen Burg und dem Umzug der Burggrafen war das Areal seiner Funktion als Sicherung des Spreeübergangs beraubt. Der Burgwall ist als seichte Anhöhe noch immer zu identifizieren. Eine Gaststätte gibt es hier seit 1897.

Bleiben wir in Steinkirchen. In der Ortsmitte, Ecke Cottbuser Str./Schulstraße, lohnt ein Abstecher zum *Herrenhaus Neuhaus*. Das im unprätentiösen klassizistischen Landhausstil errichtete Gebäude entstand im Jahre 1802. Zwanzig Jahre später ging das schöne Anwesen für 9.000 Taler in den Besitz des Dichters Christoph Ernst von Houwald über (↗ Straupitz). Die Räume sahen damals eine Reihe illustrer Gäste, darunter so bekannte Schriftsteller wie Bettina und Achim von Arnim (↗ Wiepersdorf in Bd. Der Fläming), Friedrich Heinrich Carl Baron de la Motte Fouqué (↗ Nennhausen in Bd. Das Havelland), Franz Grillparzer und Adelbert von Chamisso. Haus Neuhaus wurde zwischen 1990 und 1994, nach mehrjährigem Leerstand vorbildlich saniert. Verschiedene Nutzer, darunter eine Musikschule, teilen sich heute das Gebäude. Drei Säle öffnen anlässlich von Konzerten und Ausstellungen gelegentlich ihre Pforten. Den *Park* kultivierte man etwa so, wie er im 19. Jh. wahrscheinlich ausgesehen hat.

Herrenhaus Neuhaus

Otto Theodor Freiherr von Manteuffel

Im Jahre 1805 kam Manteuffel in Lübben zur Welt. In Schulpforta bei Naumburg besuchte er 1819–24 die noch heute bestehende Landesschule. In Halle (Saale) und Berlin studierte er Rechts- und Finanzwissenschaften. Seine konservativen Ansichten und die Ablehnung der Hinwendung Preußens zum Verfassungsstaat bescherte ihm 1848 das Amt des Innenministers. In dieser Funktion war Manteuffel maßgeblich an der Durchsetzung des Dreiklassenwahlrechts beteiligt und an der Schaffung eines politischen Systems mit zwei Parlamentskammern, die nur Gesetze vorschlagen und den Haushalt verabschieden konnten. 1850 ernannte der König ihn zum preußischen Außenminister und Ministerpräsident. Im gleichen Jahr erhielt er auch die Berliner Ehrenbürgerwürde. Der Name Manteuffels ist eng mit der so genannten Olmützer Punktation verbunden (Punktation: Vorvertrag; Festlegung der wesentlichen Punkte in einem Staatsvertrag), in die er als Außenminister notgedrungen einwilligen musste. Preußen, das einen „kleindeutschen" Staatenbund ohne Österreich unter eigener Vormachtstellung verwirklichen wollte, musste auf Druck Russlands und Österreichs am 29.11.1850 im habsburgisch-mährischen Olmütz diese Absicht vorerst aufgeben. Stattdessen kam es zur Wiederherstellung des Deutschen Bundes. Manteuffel wurde 1858 erneut ins Parlament gewählt, verzichtete aber bald auf sein Mandat. Er starb 1882 in Krossen bei Luckau – elf Jahre nachdem unter Bismarck Österreichs Teilnahme an der Vereinigung Deutschlands ganz im Sinne Preußens doch noch hatte verhindert werden können.

Nordumfluter

Radtour von Lübben zum Kahnfährhafen in Alt Zauche: ca. 10 km (Karte S. 42)

Beginnen wir unsere Fahrt am Lübbener Schloss. Den Ernst-von-Houwald-Damm geht es in östliche Richtung. Hinter der Brücke über den Schutzgraben biegen wir rechts in den Mühlendamm ein, der in die Friedrich-Ludwig-Jahn-Straße übergeht. Die Verlängerung (Dammstraße) bringt uns aus der Stadt heraus, vorbei an der Rehabilitationsklinik, die in der offenen Landschaft des Lübbener Hinterlandes liegt. Wenig später überqueren wir die Alt Zaucher Spree und etwa einen Kilometer weiter erreichen wir den Nordumfluter. Südlich parallel geht es geradeaus, bis wir auf einer Brücke bei Bukoitza wieder auf die nördliche Seite wechseln. Eine Gaststätte kann hier zum Auftanken der Reserven genutzt werden. Wir biegen rechts ab und kommen nach etwa zweieinhalb Kilometern nach Alt Zauche. Im Dorf folgen wir der Beschilderung zum Kahnfährhafen.

Die Bundesstraße 320 bildet östlich von Lübben bis hinter Straupitz im Oberspreewald die nördliche Grenze des Biosphärenreservates. Für die Autofahrer erschließt sie das östliche Hinterland Lübbens in den Gemeinden Radensdorf (Radóm), Briesensee (Brjazyna n. j.) und **Alt Zauche** (Stara Niwa). Radfahrer wählen von Lübben den Gurkenradweg, der direkt nach Alt Zauche führt. Dort zeigt sich der Oberspreewald in entspannter Stimmung.

Fremdenverkehrsverein Alt Zauche e. V.
Siedlungsstr. 13
15913 Alt Zauche
Fon (035 46) 76 98
u. 0162- 642 44 45

Alt Zauche ist ein beschaulicher Ort, dessen größtes Plus seine abgeschiedene Lage ist; die Bundesstraße ist weit und demzufolge tangieren viele Spreewald-Besucher das Dorf gar nicht. Lange Zeit litten die Bewohner unter regelmäßig wiederkehrenden Hochwassern, erst der Bau des Nordumfluters in den Fünfzigerjahren des 20. Jh.s sorgte für mehr Schutz. Zwischen Lübben und Alt Zauche findet man wegen der einstigen Rodungen kaum noch Wald. Die Alt Zaucher versorgten sich daher bis 1903 im angrenzenden Moor mit Torf als Brennmaterial. Ein *Rundwanderweg* erschließt dieses infolge Nichtbewirtschaftung bewaldete und mit wassergefüllten Torfstichen übersäte Gelände, in dem sich darüber hinaus mit den Jahren eine artenreiche Tier- und Pflanzenwelt angesiedelt hat (Ausschilderung Luchwanderweg).

Sumpfdotterblume

Schönbär

Die Beschilderung weist den Weg aus dem Dorf hinaus zum südlich gelegenen *Kahnfährhafen*. Er liegt in der offenen Landschaft am eingedeichten Nordumfluter. Die Uferzone des stillen Kanals ist eine farbenfrohe Wiese mit zahlreichen Frühjahrs- und Sommerblühern und Landeplatz für Insekten.

Das Ziel der Kahnfährleute ist der *Erlen-Hochwald*. Ausflüge von zweieinhalb bis drei Stunden Länge beschränken sich auf dieses Gebiet. Die Fahrt auf dem Nordfließ gilt als eine der schönsten im gesamten Oberspreewald.

Fast fünf Stunden muss man für eine Fahrt zur Wotschofska (↗ S. 54) mitbringen, und wer bis zu sieben Stunden Zeit hat, der hat am Ende den Oberspreewald zwischen Alt Zauche und Lehde (↗) zweimal fast ganz durchquert.

Schleuse Alt Zauche

Zwei bis drei Schleusen regeln auf den Fahrten den Höhenausgleich. Spreewälder Kinder verdienen sich hier wie an vielen Orten der Region beim Schleusenbetätigen ein kleines Taschengeld. Die Kahnfahrgäste lassen sich in aller Regel nicht lumpen und geben den jungen Helfern ein paar Cent für ihre Mithilfe – und der Kahnfährmann dankt's ihnen ebenso.

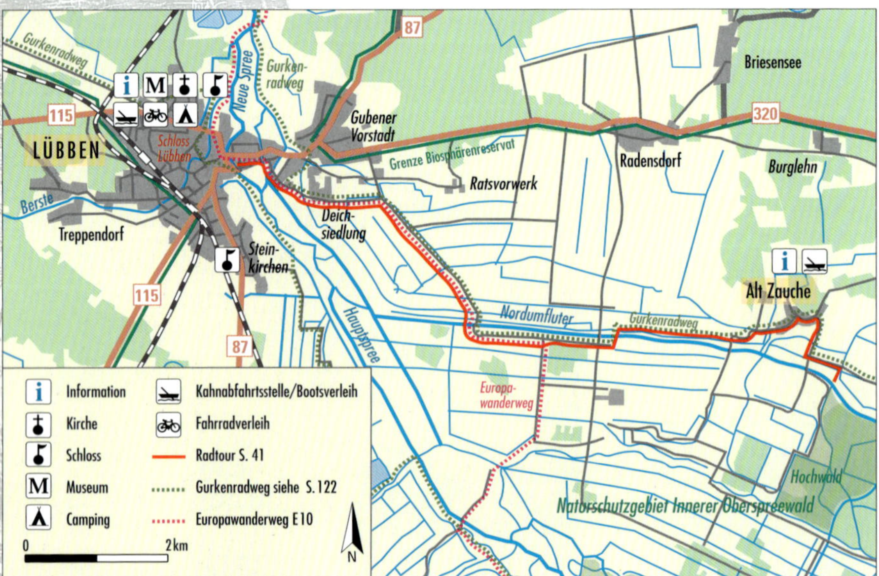

Wie der Spreewald entstand ...

Seit uralten Zeiten sucht der Mensch nach Begründungen für ihm Unerklärliches. Und weil der Spreewald mit seinen zahllosen Fließen und den dichten Wäldern lange Zeit etwas Unheimliches an sich hatte, nahm man an, er sei ein Werk des Teufels.

Es ist schon sehr, sehr lange her, da soll sich der Satan zwei kräftige schwarze Ochsen vor den Pflug gespannt haben. Doch der Herr der Hölle war den starken und störrischen Rindviechern nicht gewachsen und deshalb geschah es, dass die Ochsen ihm durchgingen und im wilden Hin und Her mit dem Pflug alleine durchs Land zogen. Die langen Furchen, die sie dabei hinterließen, füllten sich rasch mit Wasser – der Spreewald war geboren.

Vom Teufel hat man seither nichts mehr gesehen und gehört. Womöglich sitzt er nun in der Hölle und kommt über die Ochsenschmach nicht hinweg. Bevor er aber dorthin verschwunden ist, muss er noch in der Uckermark sein Unwesen getrieben haben, denn das Flüsschen Welse – so gleichfalls eine Sage – soll auf ähnliche Weise wie der Spreewald entstanden sein (↗ Bd. Die Uckermark Kap. Schwedt).

Wendisches Museum
Serbski Muzej
Mühlenstraße 12
Młyńska Droga 12
03046 Cottbus/Chośebuz
Fon (0355) 79 49 30
Fax -70 12 75
Öffnungszeiten:
Sa, So, feiertags
14.00–18.00 Uhr
Di–Fr 8.30–18.00 Uhr

DIE SORBEN/WENDEN

Die Slawen in der Lausitz – zwischen Völkerwanderung und Gegenwart

Die Straßenschilder verheißen Ungewohntes. Lubin, Lubnjow, Borkowy, Wětošow, Kalawa – manche unvorbereitete Spreewaldtouristen sind durch die zweisprachigen Wegweiser und Ortstafeln irritiert. Lübben, Lübbenau, Burg, Vetschau, Calau klingen vertrauter. Zweisprachenland! Deutsch und Sorbisch, auch wenn das Deutsche die Muttersprache der slawischen Minderheit über die Jahrhunderte immer weiter in den Hintergrund gedrängt hat und der kulturelle Überlebenskampf – trotz verbürgter Minderheitenrechte – beinahe aussichtslos zu sein scheint.

„Das Recht des sorbischen Volkes auf Schutz, Erhaltung und Pflege seiner nationalen Identität und seines angestammten Siedlungsgebietes wird gewährleistet. Das Land, die Gemeinden und Gemeindeverbände fördern die Verwirklichung dieses Rechtes, insbesondere die kulturelle Eigenständigkeit und die wirksame politische Mitgestaltung des sorbischen Volkes."

So steht es in der Verfassung des Landes Brandenburg. Ein schwieriges Unterfangen, in einem Bundesstaat mit achtzig Millionen Einwohnern die Identität der geschätzten 50.000 Sorben in der brandenburgischen Nieder- und der sächsischen Oberlausitz zu bewahren. Nur die Wenigsten beherrschen das Sorbische noch als Muttersprache, zumal in der Niederlausitz, wo der Abbaggerung der Braunkohle viele Dörfer weichen mussten. Häufig sind es die Alten, die ihre traditionsreiche Kultur hochhalten.

Wendische Trachten

Bemalte wendische Ostereier

Das Sorbische gehört zu den westslawischen Sprachen, gemeinsam mit Polnisch, Tschechisch und Slowakisch. Nun wird ein Sorbe sich bei seinen slawischen Nachbarn nicht über komplizierte Sachverhalte austauschen können, die mundartlichen Gemeinsamkeiten reichen aber aus, um gegebenenfalls das tägliche Leben zu bestreiten.

Man muss ins sechste Jahrhundert unserer Zeitrechnung zurückgehen, um die Besiedlung der Lausitz durch die Sorben nachzuvollziehen. Die Völkerwanderung brachte mehrere Stämme aus dem Osten hierher, dem der Lusizer verdankt denn auch die Lausitz ihren Namen. Die mittelalterliche deutsche Ostkolonisation ab dem 12. Jh. und die folgende Assimilation und Diskriminierung führten dazu, dass die Wenden nach und nach in der deutschen Bevölkerung aufgingen. Die Zeit des Nationalsozialismus' markiert den jüngsten Höhepunkt der Unterdrückung. Der damaligen Germanisierungspolitik fielen weitere Teile der sorbischen Kultur zum Opfer, darunter auch sorbische Ortsnamen, die man eindeutschte, etwa das Spreewalddorf Dlugy – heute Fleißdorf. Der Begriff „Wenden“ verschwand aus dem offiziellen Sprachgebrauch und galt als Unwort. Schon zu römischer Zeit nannte man die Slawen „Vendi“, ein Terminus, der schließlich auf alle nicht Staaten bildenden Slawen übertragen wurde. Heute verwendet man die zwei Wörter Sorben und Wenden wieder synonym, bezeichnet damit aber nur noch die Slawen der Lausitz.

Spintestube in Dissen/Dešno, um 1920

Rada

Luba duša, gaž śi derje njej,
bogadla to njedaj nikom cuś!
Sy-lic mudra, bol a słabosć pŕěj,
Smjej se abo mjelc a źi swoj puś,
Swojog pšawneg gojca p śecej
w głowje měj:

Poglědaj do kurjecego dworu!
Wiźiš, kak tam kury rědnje
drapju?
Glej, kak za drobjeńcku lětaju
A wo kuždeg wužeńcka se
łapju …

Wucuju p ak mjazy jadnu choru,
Wiźiš, kak ju wšykne starkaju?
Glědaj, kuždap orědu ju štapju,
Do njeje ak wugronjone
kluwaju …

Pśeto, duša njej-lic derje śi,
njedaj bogadla to nikom cuš!
Spěšnje do kurjeceg dworu źi …
Wusmjej se mjelc a źi swoj puś!

Gedicht von Mina Witkojc (1937)
(deutsche Übersetzung s. S. 47)

Dass Minderheiten eine kulturelle Bereicherung darstellen, gilt mittlerweile als anerkannte Tatsache. Besonders deutlich wird das bei den Sorben an deren Trachten und Gebräuchen. Die Gewänder, die landläufig als Spreewaldtrachten charakterisiert werden, kommen in der gesamten Niederlausitz vor und werden zu besonderen Anlässen noch getragen. Sie gewinnen heute wieder an Bedeutung.

Dem Besucher werden im Spreewald allerorten kleine Püppchen angeboten, die in Trachten gehüllt dem Kitschbedürfnis manchen Souvenirjägers entsprechen. Mit sorbischer Tradition aber hat das weniger zu tun. Anders sieht es da schon mit den Festen aus, vor allem Oster- und Fastnachtsbräuche sind stark im Leben der Spreewälder verankert. Osterfeuer und das Zampern – in Verkleidung von Haus zu Haus ziehend um eine Gabe bitten – sind auch in einigen anderen Regionen Deutschlands bekannt. *„Zamper, zamper Donnerstag, morgen ist der Freitag, droben in der Firste häng'n gebratene Würste, ich bin der kleine König, gebt mir nicht zu wenig, gebt mir'n Stückchen Speck, dann spring ich über eure Haustür weg."*

Überhaupt ist Ostern für die Sorben ein besonderes Fest. Etwa seit dem ausgehenden 17. Jh. werden Hühnereier überaus kunstvoll verziert. Nur selten wird dagegen noch „waleien" gespielt, bei dem die Kinder bemalte Eier im gemeinsamen Wettkampf eine Bahn entlangrollen. Wer mit seinem Ei ein anderes trifft, darf das getroffene behalten. Bei einem weiteren, noch häufig vorkommenden, Brauch dreht sich alles um einen Hahn: Hahnrupfen (sorbisch: kokot). Hoch oben über den Köpfen der Festgäste wird der Hahn aufgehängt, so hoch, dass sich ein aus-

Hahnrupfen

gewachsener Mann zu Pferde geschickt anstellen muss, um das leblose Tier zu ergreifen. Erster König ist, wer den abgerupften Kopf des Hahnes in den Händen hält, zweiter und dritter König sind Sieger über die Flügel. Verlierer ist in jedem Fall der Hahn! Die Könige aber dürfen sich aus der illustren Runde der Dorfmädchen jeweils eines auswählen.

Mina Witkojc – eine wendische Dichterin

Die 1893 in Burg (wendisch Borkowy) geborene Mina Witkojc wuchs in recht armen Verhältnissen auf. Ihre Jugendjahre verbrachte sie in Berlin und verdiente dort als Dienstmädchen und Blumenbinderin ihren Lebensunterhalt. Im Ersten Weltkrieg arbeitete sie in der Rüstungsindustrie. Ab 1918 verdingte sie sich in ihrem Heimatdorf Burg als bäuerliche Tagelöhnerin – bis 1921, wenig später ging die knapp Dreißigjährige nach Bautzen und widmete sich dort der sorbischen Schriftsprache, sorbischer Literatur und Geschichte. 1923 übernahm sie die Redaktion der einzigen niedersorbischen Wochenzeitung „Serbski Casnik" (Sorbische Zeitung). 1925 wurde ihr erster Lyrikband mit niedersorbischen Gedichten veröffentlicht. In den Folgejahren erschienen weitere Bände. Neben ihrer lyrischen und publizistischen Arbeit erwarb sich Mina Witkojc mit zahlreichen Übersetzungen große Verdienste um die sorbische Sprache.

Mit dem Aufstieg des Nationalsozialismus' brachen für die Wenden schwere Zeiten an. Auch die Witkojc war davon betroffen. Im April 1933 belegte man sie mit Berufsverbot, trotzdem veröffentlichte sie weiter, zum Teil unter Pseudonym. 1941 schließlich erteilte man der Spreewälderin unter Haftandrohung Aufenthaltsverbot für die damaligen Regierungsbezirke Dresden, Bautzen und Frankfurt (Oder) – vertrieb sie damit aus ihrer Heimat, der Lausitz. Nach dem Zweiten Weltkrieg emigrierte sie zunächst nach Böhmen, kehrte aber 1954 nach Burg zurück. Sie starb 1975 und hinterließ ein literarisches Erbe, das für die wendische Sprache bis heute von unschätzbarem Wert ist.

Ratschlag

**Liebe Seele, ist dir mal nicht gut,
lass es niemand spüren, keinen sehn!
Leugne allen Schmerz, sag du seist wohlgemut,
lächle oder schweig – im Weitergehn,
und nutz den eignen Kopf, der stets noch Wunder tut:**

**Dann tut es schon ein Hühnerhof, das Wunder!
Siehst du, wie die Hennen eifrig picken,
an dem Würmchen zerren, das sie grad gepackt,
wie die Füße scharren, Köpfe nicken?**

**Doch wehe, ist ein krankes Huhn darunter!
Siehst du, wie gleich alles nach ihm hackt?
Wie sie ihm vereint zu Leibe rücken,
es mit scharfen Schnäbeln rupfen blutig nackt?**

**Deshalb, Seelchen, ist dir mal nicht gut,
lass es niemand spüren, keinen sehn!
Denk an den Hühnerhof, was stets noch Wunder tut,
und lächle vor dich hin im Weitergehn.**

DER SPREEWALD BEI LÜBBENAU

Zwischen stiller Besinnlichkeit und Kahnfahrgeselligkeit

Man *muss* nicht zum Kahnfahren in den Spreewald kommen, es bieten sich auch zahlreiche andere Freizeitbetätigungen. Doch wenn man einen Kahn besteigen will, hat man zwischen Lübbenau, Leipe und Raddusch die größte Auswahl – insbesondere, was die Unterschiedlichkeit der Fährhäfen anbelangt, denn zwischen dem Großen Spreewaldhafen in Lübbenau und den dörflichen Kahnfährhäfen liegen Welten, sowohl was die Anzahl der Kähne, als auch die der Besucher anbelangt. Während im Sommer Lübbenau und Lehde zu den größten Touristentreffpunkten des Spreewaldes avancieren, bleibt es in den anderen Orten der Region besinnlich ruhig.

Wunderschöne Wanderwege durchqueren den Lübbenauer Spreewald. Viele davon ziehen sich entlang der Fließe, an deren Ufern seltene Pflanzenarten gedeihen, die vor allem im Frühjahr und im Frühsommer ihre Blütenpracht entfalten. Zwei der bedeutendsten Totalreservate des Spreewaldes sind hier ebenfalls zu finden, „die Luschna" nördlich von Lübbenau und „der Huschepusch" östlich von Lehde, Wiesenlandschaften, die sich mit der Zeit in Buschzonen verwandeln. Hier ist die Natur sich selbst überlassen, Tiere und Pflanzenwelt bleiben unter sich.

Es ist ein Land der Kontraste, der Spreewald bei Lübbenau – hier gut gelaunte Kahngesellschaften – dort die Stille der Natur. Und das Kulturhistorische meldet sich auch zu Wort, mit anschaulich überlieferter sorbischer Lebensart wie in Lehde und mit herrschaftlichem Stolz im Schlosspark zu Lübbenau.

Die Erreichbarkeit Lübbenaus mit dem Zug ist gut: von Berlin eineinviertel, von Cottbus eine knappe halbe Stunde. Von Dresden oder Leipzig ist man mit Umsteigen allerdings fast zweieinhalb Stunden unterwegs.

Radduscher Kahnfahrt

In Lübbenau

LÜBBENAU (Lubnjow)

Heimliche Hauptstadt des Spreewaldes

An keinem Ort im Oberspreewald ist das Labyrinth der Fließe so gut zum Kahnfahren geeignet wie in der Umgebung von Lübbenau. So hat sich die Stadt zum Hauptanziehungspunkt des gesamten Spreewaldes entwickelt und Lübben den Rang bei den Touristenzahlen abgelaufen. Die liegen alljährlich im siebenstelligen Bereich und bescheren dem staatlich anerkannten Erholungsort unverzichtbare Einnahmen. Eines sollte aber jeder wissen, der nach Lübbenau kommt: In der Hauptsaison gesellen sich zu den nicht wenigen Individualreisenden viele Bustouristen und alle gemeinsam bevölkern überaus zahlreich das Gelände rund um den Kahnfährhafen, die Damm- und die Ehm-Welk-Straße. Abseits davon finden sich aber dennoch etliche stille Ecken.

Lübbenau gehört zum Landkreis Oberspreewald-Lausitz und besaß nie, wie Lübben oder Calau, den Status einer Kreisstadt. Bis der Braunkohleabbau südlich und westlich der Stadt einsetzte und 1959 das Großkraftwerk gebaut wurde, war Lübbenau lediglich ein Landstädtchen am Rande des Spreewaldes. 1939 zählte man knapp 4.200 Einwohner, eine Zahl, die in den 1950er- bis 1970er-Jahren in Folge neuer Siedlungen auf fast 25.000 anstieg. Das Kraftwerk, in dem früher einmal fünftausend Beschäftigte arbeiteten, wurde nach der Wende stillgelegt. Heute leben in Lübbenau gut 15.000 Menschen.

Von der rasanten Nachkriegsentwicklung ist in der historischen Altstadt mit fachwerk- und stuckverzierten Bürgerhäusern, einem gut erhaltenen Marktplatz mit Stadtkirche und dem Lübbenauer Schloss ein Stück weiter östlich, nichts zu spüren. Anders als Lübben, wurde Lübbenau im Zweiten Weltkrieg glücklicherweise nicht in Mitleidenschaft gezogen.

Spreewald-Touristinformation e. V.
Ehm-Welk-Straße 15
03222 Lübbenau
Fon (035 42) 36 68
Fax -467 70
E-Mail: info-luebbenau@spreewald-online.de
www.spreewald-online.de

Veranstaltungen in Lübbenau:
Einige Wochen vor Ostern
Ostereiermesse im Museum
1. Wochenende im Juli
Spreewald- und Schützenfest
Juli/Aug.
Hafenfest
Okt. Kürbismarkt am Hafen
Okt. Kneipenfest

Die Ersterwähnung Lübbenaus datiert auf das Jahr 1315, besiedelt war das Gebiet aber schon Jahrhunderte früher, mindestens im 9. Jh., denn bei Grabungen in der Nähe des Schlosses konnte man eine slawische Wallanlage nachweisen. Anders als die Lübbener, unterstanden die Lübbenauer nicht dem Landesherren, sondern der Schlossherrschaft in der eigenen Stadt. Diese wechselte bis zum 17. Jh. recht häufig, bis schließlich im Jahre 1621 die Grafen zu Lynar das Anwesen mit allen Rechten übernahmen und Lübbenau – mit einer knapp fünf Jahrzehnte währenden Unterbrechung – bis heute die Treue gehalten haben. Das Lübbenauer Wappen schmückt sich mit einem Fisch auf blauem Grund, größte Einnahmequelle aber war nicht die Fischerei, sondern der Gemüseanbau und bis ins 19. Jh. die Lein- und Garnweberei. Gurken, Meerrettich und Zwiebeln wanderten auf die Speisekarte der Nieder- und Oberlausitzer, der Leipziger, Dresdener und Berliner.

Heute machen die Lübbenauer ihr Geschäft mit dem Fremdenverkehr – zumindest von April bis in den Herbst hinein. Im Winter zeigt sich Lübbenau dagegen von seiner ruhigen Seite. Der Hauptgrund, hierher zu kommen entfällt, die Kahnfährleute lassen ihre Rudel zumeist ruhen. Allenfalls unerschrockene Schlittschuhläufer reisen von weither an und wagen sich bei klirrender Kälte auf die zugefrorenen Fließe.

Kahnabfahrtsstelle

Es gibt mehrere *Kahnabfahrtsstellen* in Lübbenau, man muss seine Kahnfahrt also nicht am größten Hafen südlich vom Schlossgelände beginnen. Zwei bis vier Stunden dauern die Touren nach Lehde mit mehr oder weniger langen Pausen in Lehde und auf unterschiedlichen Routen. Fünfstündige Fahrten dringen bis ins Innere des Oberspreewaldes zur Gaststätte Wotschofska vor. Etwas länger ist man auf den Rundfahrten nach Leipe unterwegs. Ganztagesausflüge schließlich bringen die Gäste zur historischen Pohlenzschenke am Rande des Hochwaldes.

Die Auswahl ist groß und für den Auswärtigen kaum überschaubar. Wer keine spezielle Tour ausgesucht hat, begibt sich einfach zu einer der Ablegestellen und nimmt einen der Kähne, die bereitstehen. Für eine Ganztagestour sollte man sich besser vorab erkundigen, wann und wo sie beginnt.

Stadtkirche St. Nikolai

Am *Markt*, dem zentralen Platz in der Altstadt, präsentiert sich die *Stadtkirche St. Nikolai* – außen wie innen stilistisch ein Werk des Übergangs vom Spätbarock zum Klassizismus. Sie entstand zwischen 1738 und 1741. Schon von 1660 ist der untere Teil des Turms, der zu seiner endgültigen Höhe erst 1778 gelangte. Wichtiger als diese Daten ist wohl die einheitlich ausgeführte *Innenausstattung* aus dem 18. Jh. Barocke Formenfreude zeigt sich anhand diverser Putten, so am Kanzelkorb und am Lynar-Grabmal; Säulen am Altar deuten dagegen schon auf die architektonische Zeitenwende zum Klassizismus hin. Maßgeblich den Raumeindruck bestimmend, geben zweigeschossige Emporen an zwei Seiten Halt. Im Westen durchbricht die Orgelempore diesen geordneten Rhythmus, im Osten Sakristei und Logen.
Am prächtigen Hochgrabmal für Moritz Carl Graf zu Lynar – 1765 noch vor dessen Tode geschaffen – zeigt sich, dass die Familie Lynar in Lübbenau eine herausragende Stellung inne hatte. Vier Frauen stehen dem Toten bei und symbolisieren christliche Tugenden. Am Fuße des reich gegliederten Werks, von zwei Löwen flankiert, kauert die Trauer. Ganz links der Glaube, rechts daneben – den Arm auf eine Kugel stützend – die Gerechtigkeit und schließlich rechts außen, mit Schwert bewehrt, die Tapferkeit. Das lynarsche Grabmal ist ein Werk des Bildhauers Gottfried Knöffler (1715–79), dessen Handschrift sich in Form aufwändig-figürlichen Schmucks in Dresden an vielen Stellen findet, zum Beispiel auf der Brühl'schen Terrasse, am Taschenbergpalais und am Palais Cosel – als sächsische Stadt, die Lübbenau bis 1815 war, ist diese Verbindung nur allzu verständlich.

Damals war das Wendische noch häufig in der Stadt zu hören, auch wenn es seit 1430 nicht mehr Amts-, sondern „nur noch" Umgangssprache war. Erst 1864 ging in St. Nikolai die Zeit der auf Sorbisch gehaltenen Gottesdienste zu Ende.

Ev. Pfarramt Lübbenau
Kirchplatz 4
03222 Lübbenau
Fon (035 42) 26 78
Öffnungszeiten Nikolaikirche:
Mai bis Sept.
Mo – Fr 14.00 – 16.00 Uhr
Gottesdienst: So 10.00 Uhr

Schloss Lübbenau

Vom Kirchlichen zur weltlichen Seite Lübbenaus. Mit dem Kauf der sächsischen Herrschaft Lübbenau durch die Familie der Grafen zu Lynar übernahm 1621 ein Adelsgeschlecht die Geschicke, das sich bei den Hohenzollern in Brandenburg schon einen guten Namen gemacht hatte. Erster Lynar in der Mark war der aus der Toskana stammende Rochus Graf Guerrini zu Lynar, der ab 1578 als Baumeister in kurfürstlichen Diensten stand. Er leitete den Ausbau der Festungsanlagen in Spandau (heute Berlin), Küstrin, Peitz und Senftenberg und errichtete nach Abriss des Vorgängers ein neues Berliner Stadtschloss. Einer seiner Nachkommen, der 1899 geborene Wilhelm Friedrich (Wilfried) Rochus Graf zu Lynar, beteiligte sich an den Vorbereitungen für das Attentat auf Adolf Hitler und wurde am 29. September 1944 in Berlin-Plötzensee hingerichtet. Die Lynars verloren daraufhin ihren Lübbenauer Besitz.

Seit 1992 ist die Familie wieder Eigentümer des *Schlosses*. Nach einer umfassenden und aufwändigen Sanierung im Rahmen des Ausbaus zu einem Hotel erstrahlt Schloss Lübbenau wieder in alter Schönheit. Rochus Graf zu Lynar, Nachfahre des toskanischen Einwanderers aus dem 16. Jh., bittet heute zum Logieren und Dinieren, was sich vor allem bei Brautpaaren steigender Beliebtheit erfreut. Das Gebäude besitzt zwei im stumpfen Winkel verbundene Flügel, die sich wie zwei Arme zum Schlosspark hin ausbreiten. An der entgegengesetzten Seite überragen zwei neogotische Türme das mehrgeschossige, klassizistische Gebäude. Es ist ein Werk, das in der ersten Hälfte des 19. Jh.s in zwei Bauphasen realisiert wurde. Der Neubau auf den Grundmauern einer alten Wasserburg erfolgte ab 1817 nach Plänen des Leipziger Baumeisters Karl Benjamin Siegel (1757–1832); die beiden Türme wurden 1839 hinzugefügt. Nach der Sanierung zeigt sich das Haus auch wieder im Innern „standesgemäß“ gräflich.

Der 1817–20 in Form eines englischen Landschaftsgartens angelegte *Schlosspark* ist öffentlich zugänglich. Man musste damals tausende Kahnladungen Erde herbeischaffen und anschütten, um die angestrebte Größe von etwa neun Hektar zu erzielen. Am Rande des Parks fallen weitere Bauten auf, darunter die Orangerie, ebenfalls von Siegel, und die ehemalige gräfliche Kanzlei, errichtet 1745–48.

Schlosspark (li.), Orangerie (re.)

In Lübbenau bieten zwei Ausstellungen gute Gelegenheit, den Spreewald – in seiner Geschichte und seiner Gegenwart – ausführlich kennen zu lernen: das Spreewald-Museum und die Spreewald-Dauerausstellung im Haus für Mensch und Natur. Das *Spreewald-Museum* hat mit dem 1850 erbauten Torhaus 1999 ein angemessenes Domizil bekommen. Das Ziegelgebäude diente als Rathaus, Polizeiwache und als Gericht mit angeschlossenen Arrestzellen im Keller. Bis in die 1980er-Jahre saßen hier Gefangene ein. Politisch motivierte Inhaftierungen gab es ebenfalls, vor allem im Juni 1953 und zur Zeit des Prager Frühlings 1968. Das Museum weist mit verschiedenen Schwerpunkten, angefangen von der Nachkriegszeit, von Leineweberei und Handwerk über die Entwicklung im Mittelalter und der wendischen Kultur bis hin zu den slawischen Ursprüngen, weit in die Historie zurück. Regelmäßig wechselnde Sonderausstellungen widmen sich der Kunst und darüber hinaus Inhalten aus Kultur und Technik.

Spreewald-Museum
Topfmarkt 12, 03222 Lübbenau
Fon (035 42) 24 72
Fax -40 34 25
Öffnungszeiten:
April bis Mitte Sept.
Di–So 10.00–18.00 Uhr
Mitte Sept. bis Mitte Okt.
Di–So 10.00–17.00 Uhr
und auf Anfrage

Torhaus des Spreewald-Museums

In einem alten Schulhaus hat die Verwaltung des Biosphärenreservates Spreewald ihren Sitz genommen. Als *„Haus für Mensch und Natur"* dient es aber nicht für die Unterkunft der Verwaltung, sondern zeichnet in einer umfassenden Dauerausstellung nach, wie aus dem Urwald, der einst die Spreeniederung überzog, die heutige Kulturlandschaft wurde und wie diese heute bewahrt wird.

„Haus für Mensch und Natur"
Dauerausstellung zur Entstehung der Kulturlandschaft Spreewald und zum Biosphärenreservat im Gebäude der Verwaltung des Biosphärenreservates
Schulstraße 9, 03222 Lübbenau
Fon (035 42) 892 10 u. -89 21 30
Öffnungszeiten:
täglich von 10.00–17.00 Uhr
Nov. bis März
Mo–Fr 10.00–16.00 Uhr
sowie nach Vereinbarung

Kristall Kur- und Freizeitbad
Alte Huttung 13, Ecke Straße des Friedens, 03222 Lübbenau
Fon (035 42) 89 41 60
Fax -89 41 66
Öffnungszeiten:
Mo, Mi u. Do 10.00 – 22.00 Uhr
Di u. Fr 10.00 – 24.00 Uhr
Sa 9.00 – 24.00 Uhr
So u. feiertags 9.00 – 22.00 Uhr
In den Schulferien tägl. ab 9.00 Uhr
Fr 19.00 – 24.00 Uhr FKK

1999 öffnete in Lübbenau ein neues *Kur- und Freizeitbad*. Mit 30 Grad Wassertemperatur ist das Wellenbad bestimmt auch für Empfindliche warm genug. Das „Kristallbad", wie sich die Anlage nennt, verfügt über alles, was von einer modernen Badeanstalt erwartet wird. Dazu zählen ein ganzjährig nutzbares Außenbecken, Riesenrutschen und Wildwasserstrudelkanal, und natürlich eine Saunalandschaft mit mehreren Heißräumen.

Wanderung Wotschofskaweg: ca. 3,5 km (Karte S. 61)

Kein Auto weit und breit, nur gute Luft, Fließe, Wald und Ausflügler. Gemeint ist die **Wotschofska**, eine Gaststätte, die schon seit über hundert Jahren Besucher in das Innere des Oberspreewaldes lockt, der hier Lübbenauer Bürgerwald heißt. Man muss nicht mit dem Kahn kommen. Der etwa dreieinhalb Kilometer lange Wotschofskaweg ist eine landschaftlich reizvolle Alternative, beginnend am Lübbenauer Marktplatz, entweder über Spreestraße oder Färbergasse, zum Kleinen Hafen am Spreeschlösschen, dann ein Stück die Hauptspree entlang, später durch offene Landschaft, schließlich begleitet von Bürgergraben und Rollkanal. Prächtig gelb blühen am Wegesrand Sumpfdotterblume und Wasserschwertlilie, der Blutweiderich reckt seine violette Pracht in die Höhe. Man hört das Pochen der Spechte, Prachtlibellen tanzen in der Luft... Um nicht denselben Weg wieder zurücklaufen zu müssen, empfiehlt sich für die Heimkehr nach Lübbenau der Kahn.

Wanderung Lübbenau-Lehde-Leipe-Raddusch: ca. 15 km (Karte S. 61)

Es geht zunächst den Schlossbezirk entlang und anschließend auf dem Lehdschen Weg nach Lehde. Wir durchqueren das Dorf und nutzen am Freilandmuseum die rechte der beiden Brücken über das Fließ. Nur wenige hundert Meter sind es bis zur Hauptspree,

Schleuse Dubkow-Mühle

Wanderweg an der Radduscher Kahnfahrt

die wir überqueren; kurz darauf kommen wir zum Leiper Weggraben. Der parallel verlaufende, birkenbestandene Leiper Weg, in den wir nach links einbiegen, zählt ohne Zweifel zu den schönsten Wanderwegen im Spreewald – eine Hinterlassenschaft des „Reichsarbeitsdienstes", der den Weg in den 1930er-Jahren angelegt hat. Immer am Graben entlang, von Mischwald begleitet erreichen wir nach etwa einer Stunde Leipe.

Bis zur Dubkow-Mühle bleiben wir auf der Aphaltstraße. Hier dürfen Autos fahren, deshalb links halten. Die *Dubkow-Mühle* ist ein Fachwerkbau aus dem 19. Jh. und war einst eine Mahl- und Ölmühle. Heute kehren hier durstige und hungrige (Rad- und Wasser-)Wanderer ein, was schon lange Tradition ist, denn der Dubkow-Müller besitzt bereits seit 1737 das Schankrecht.

An der Schleuse bringt uns eine Brücke ans südliche Ufer der Hauptspree. Jetzt rechts halten und nach wenigen hundert Metern in Richtung Süden. Am Südumfluter erreichen wir die ehemalige *Radduscher Buschmühle* und die dortige *Schleuse*. Etwa ein Kilometer den Südumfluter entlang nach Osten und ein Weg zweigt nach Süden ab. Rechter Hand begleitet vom Fließ „Radduscher Kahnfahrt", kommen wir am gemütlichen Kahnfährhafen von Raddusch an. Jetzt ins Dorf hinein und auf der Dorfstraße nach rechts zum etwas außerhalb im Westen gelegenen Bahnhof. Der stündlich verkehrende Regionalexpress zurück nach Lübbenau benötigt nur vier Minuten. Vom Lübbenauer Bahnhof läuft man dann noch ein paar Minuten zurück in die Innenstadt.

Wasserschwertlilie (li.)
Wasserdost (re.)

Der Frosch der Dubkowmühle

Zu einer Zeit, als Onkel August die Dubkow-Mühle bewirtschaftete, soll ein Riesen- oder Ochsenfrosch im Keller gewohnt haben, um die Fische zu bewachen. Der Frosch wies des Nachts den heimkehrenden Gästen den Weg. Wenn die dem schlauen Tier aber nicht freundlich gewogen waren, führte der sie geradewegs in das Moor und kehrte mir nichts, dir nichts geschwind wieder zur Mühle zurück.

Onkel August war ein echtes Spreewald-Original des 20. Jh.s. Er soll auch immer wieder Probleme bekommen haben, wenn der Frosch die Gegend unsicher machte und von Haus zu Haus sprang. Für die Dächer blieb das nicht ohne Folgen, denn seine kräftige Statur sorgte dafür, dass die Dächer Löcher bekamen. Und dann war da noch die Sache mit dem Riesenhecht, den sich der Frosch einmal gefangen haben soll. Es heißt, der schlaue Frosch, habe dem Fisch ein Halfter umgehängt, um sich auf dem Kahn sitzend nach Lübbenau ziehen zu lassen.

Ob im Keller der Mühle wohl heute noch ein Riesenfrosch haust? Wer kann das schon sagen, außer der Mühlenwirt selbst. Aber vielleicht entsprang der Frosch als eine Art geschickter Öffentlichkeitsarbeit auch nur der Fantasie von Onkel August, um die Dubkow-Mühle stets ausreichend mit zahlungskräftigen Gästen zu versorgen.

In Lehde

LEHDE (Lědy)

„Lagunenstadt im Taschenformat"...

... so nannte Theodor Fontane das Dorf, von dem die Fließe sich in alle vier Himmelsrichtungen zerstreuen und das von sämtlichen Spreewalddörfern am besten die historisch überlieferte Lebensweise im Spreewald vermittelt. Das denkmalgeschützte Lehde ist heute ein Ortsteil von Lübbenau, und die Nähe des städtischen Besuchermagnets wirkt sich natürlich aus. Auch in Lehde herrscht an schönen Sommertagen ein lebhaftes Kommen und Gehen. Die Gaststätten können sich über Zuspruch nicht beklagen; an den zwei Kahnanlegestellen machen unablässig Kähne fest, laden ihre zahlreichen Gäste ein oder entlassen sie aufs Land. Allerdings bietet in Lehde selbst, mit Ausnahme der Hotelanlage Starick, niemand Fahrten an, vielmehr ist das Dorf Zwischenstation auf den in Lübbenau und anderen Orten der Region beginnenden Touren.
Wer nach Lehde möchte, sollte das Auto besser in Lübbenau stehen lassen, denn es gibt kaum Parkplätze! Entweder man besteigt in Lübbenau einen Kahn, geht zu Fuß oder nutzt das Fahrrad.

Der sorbische Ursprung des Dorfes zeigt sich zwar noch im Zweitnamen Lědy, doch abgesehen von einigen Sprachbrocken, wie etwa „Schyschke" für den Weihnachtsbaum, Familien-, Flur- oder Pflanzenbezeichnungen ist vom früher weit verbreiteten Sorbisch, das noch in den 1880er-Jahren von der überwiegenden Mehrheit der Lehder gesprochen wurde, nichts geblieben. In den ersten beiden Jahrzehnten des 20. Jh.s ging die wendische Sprache verloren.

In Lehde sieht man noch einige Häuser in der traditionellen Holzbauweise. Bäume gab es schließlich im Überfluss, sodass sich Holz als Baumaterial selbstredend anbot, besonders von

Lehde
Tourist-Information **siehe Lübbenau**

Veranstaltungen in Lehde:

Ostern Traditionen im Freilandmuseum
Juli Museumsfest auf der Dolzke-Insel und Gurkenball
3. Wochenende im Aug. Museumsfest des Freilandmuseums
Sept. Lehdefest
Okt. Großes Abfischen
Okt. Erntedankfest

Stämmen, die längere Zeit im Wasser gewesen waren. Die Erfahrung hatte gezeigt, dass die Feuchtigkeit dem Holz mehr Härte verlieh. Es heißt, die Leute im Spreewald hätten früher extra Eichen und Erlen in die Fließe gelegt, um ihre Kinder und Kindeskinder noch zu Lebzeiten beim späteren Hausbau zu unterstützen. Zwei Museen vermitteln in Lehde dem Ortsfremden Kenntnisse

über das Spreewald-Leben vergangener Generationen. Das *Freilandmuseum* gehört zu den bekanntesten Museen im Land Brandenburg. In drei alten Gehöften aus dem 19. Jh. wird mit der wendischen Kultur des Spreewaldes vertraut gemacht, mit früheren Wohn- und Lebensweisen, mit Trachten und typischen Handwerkskünsten wie beispielsweise dem Kahnbau und dem Blaudruck. Mehrmals im Jahr organisiert das Museum Feste und Veranstaltungen, bei denen verschiedene traditionelle Fertigkeiten wie Trachtenstickerei, Bemalen von Ostereiern oder Korbflechten vorgestellt werden. Weil im Spreewald ohne Gurken gar nichts geht, hat auch das Freilandmuseum eine „Gurkenbude" mit einer Böttcherei und einem Kräutergarten. Hier bekommt man Fragen rund um die Gurke beantwortet, zum Beispiel, dass die ursprüngliche Heimat der Gurke in Vorderindien zu suchen ist und das Gemüse erst im Zuge der Völkerwanderung nach Europa kam.

Einen weiteren Ausflug in die Vergangenheit bietet das *Bauernhaus- und Gurkenmuseum* am Kahnanleger auf der so genannten Dolzke-Insel, die ihren Namen vom vorbeifließenden Spreearm erhalten hat. Das historische Wohn- und Stallgebäude zeigt eine Sammlung mit allerlei Gerätschaften, die das bäuerlich-dörfliche Leben von einst bereichert haben.

Mittendrin im Oberspreewald an der Hauptspree liegt das nur etwa 160 Einwohner zählende Dorf **Leipe** (Lipje). Im Sommer trifft man auch hier auf mehr Gäste als Einheimische, aber längst nicht so ausgeprägt wie in Lehde. Leipe ist immer noch ein eher beschauliches Örtchen,

Freilandmuseum Lehde

Freilandmuseum
Fon (035 42) 24 72
Öffnungszeiten:
April bis Mitte Sept.
täglich 10.00–18.00 Uhr
Mitte Sept. bis Mitte Okt.
täglich 10.00–17.00 Uhr

Bauernhaus- und Gurkenmuseum
auf der Dolzke-Insel
Fon (035 42) 36 68
www.gurken-museum.de
Öffnungszeiten:
April bis Oktober
täglich 10.00–18.00 Uhr
und nach Vereinbarung

Leipe
Tourist-Information siehe Lübbenau
Veranstaltungen in Leipe:
Juli Fest der Fischer, Jäger und Landwirte

Heimatstube/Dorfstraße 22
Fon (035 42) 29 05
Öffnungszeiten:
April bis Sept. (Zeiten erfragen)

Kahnfährhafen Leipe

was sicher an der Verkehrsanbindung liegt. Zu Fuß, per Kahn oder Fahrrad sind es in die Innenstadt von Lübbenau, immer den Leiper Weggraben entlang, gerade mal sechs Kilometer. Mit dem Auto ist die Wegstrecke über Raddusch und Burg Kolonie fast dreimal so lang. Eine kleine *Heimatstube* im ehemaligen Schulhaus (Nähe Spreewaldhotel) taucht mit historischen Gerätschaften und Trachten in die Dorfgeschichte ein. Auch Leipe besitzt einen überschaubaren *Kahnfährhafen* ganz im Osten. Hier beginnen kurze Touren von einer, zwei oder drei Stunden. Für eine Rundfahrt nach Lehde muss man fünf Stunden einrechnen. Noch länger, sechs bis acht Stunden, sind die Kähne unterwegs, die nach Norden in den Hochwald gestakt werden. Für denjenigen, der dem regen sommerlichen Touristentreiben in Lübbenau und Lehde aus dem Wege gehen will, ist Leipe eine gute Alternative ...

Malerisches Fließ in Leipe

... genau wie **Raddusch** (Raduš) am südlichen Rand des Oberspreewaldes. Vom schattigen *Kahnfährhafen* am nördlichen Dorfrand starten die Kähne zu ihren Touren. Die Länge variiert wie überall im Spreewald. Zur so genannten Liebesinsel sind die Kähne zwei Stunden unterwegs. Drei Stunden-Fahrten führen zur Dubkow-Mühle, fünf Stunden geht es nach Leipe. Für den längsten Ausflug muss man acht Stunden einkalkulieren.

www.raddusch-spreewald.de

Etwas außerhalb von Raddusch hat der *Tourismusverband Spreewald* seinen Sitz, das moderne Gebäude direkt an der Bundesstraße 115 ist nicht zu übersehen.

Überquert man die Bundesstraße und folgt man der Straße unter der Autobahn hindurch,

Kahnfährhafen Raddusch

kommt man in ein Gebiet, das sich landschaftlich vollkommen vom Spreewald unterscheidet. Bis vor einigen Jahren wurde hier noch Braunkohle abgebaut. Dieses Tagebaugebiet Seese-Ost soll sich bis zum Jahre 2007 in ein naturnahes Areal mit zwei Seen verwandeln. Die Flutung von *Bischdorfer und Kahnsdorfer See* mit einer anvisierten Größe von 263 und 61 Hektar ist bereits im Gange. Der Bischdorfer See wird zukünftig mit Badestellen und Wassersportmöglichkeiten touristischen Zwecken dienen.

Slawenburg bei Raddusch

Informationen zur Slawenburg: siehe Stadt Vetschau www.slawenburg-raddusch.de

Ein weiterer – kultureller – Höhepunkt der Region ist bereits fertig gestellt und die Beschilderung weist den Weg dorthin: zur *„Slawenburg Raddusch"*. Dem Braukohletagebau sind unzählige Denkmäler wie Kirchen oder alte Gehöfte zum Opfer gefallen. In der Öffentlichkeit weit weniger bekannt sind die Verluste bei den so genannten Bodendenkmalen aus vorchristlicher, insbesondere slawischer Zeit. Dazu zählen überwiegend die slawischen Burgwälle, in die sich die Menschen vor kriegerischen Auseinandersetzungen flüchteten. Nun sind erhaltene Burgwälle (↗ Lübben) für den Betrachter wenig spektakulär und für das ungeübte Auge in der Regel kaum zu erkennen. Schließlich ist, abgesehen vom runden oder ovalen Erdwall, von den weiteren Schutzvorrichtungen aus Holz und Lehm nichts mehr vorhanden und allenfalls bei Grabungen nachzuweisen.

Hier in der Nähe von Raddusch ist man 1999 daran gegangen, eine über tausend Jahre alte Slawenburg nach historischem Vorbild zu rekonstruieren. Und das am originalen Standort, denn der Radduscher Burgwall wurde zwischen 1984 und 1990 an gleicher Stelle freigelegt.

Im Gegensatz zu den Burgwällen der Vergangenheit, ist die Slawenburg Raddusch als runder Hohlkörper errichtet worden, um ein Museum zur Lausitzer Geschichte aufzunehmen – vom Ende der letzten Eiszeit bis zum ausgehenden Mittelalter. Zahlreiche

Exponate in der voraussichtlich ab 2003 geöffneten Ausstellung sind frühgeschichtliche Fundstücke, die im Vorfeld der Braunkohle-Abbaggerung ausgegraben wurden. In Verbindung mit multimedialen Elementen wird sich im Museum ein faszinierendes Gesamtbild der Lausitzer Vergangenheit ergeben.

Schließlich soll am Ende dieses Kapitels der *Kahnfährhafen* in **Boblitz** (Bobolce) nicht vergessen werden. Die Rundfahrten dauern bis zu vier Stunden (nach Lehde), fünf Stunden (nach Leipe), sechs Stunden (nach Lehde/Leipe) und die Tageshochwaldtour zur Pohlenzschänke, einem historischen Gasthaus der Gründerzeit, acht Stunden.

Auch für Boblitz gilt, wie für Leipe und Raddusch, dass der Besucherandrang nur schwach ist und die Kahnfahrten stiller verlaufen, als die in Lübbenau. Das Dorf genießt in der kalten Jahreszeit einen guten Ruf bei Schlittschuhläufern, die von weither kommen, um über die zugefrorene Boblitzer Kahnfahrt ins winterliche Innere des Spreewaldes hineinzugleiten.

www.boblitz-spreewald.de

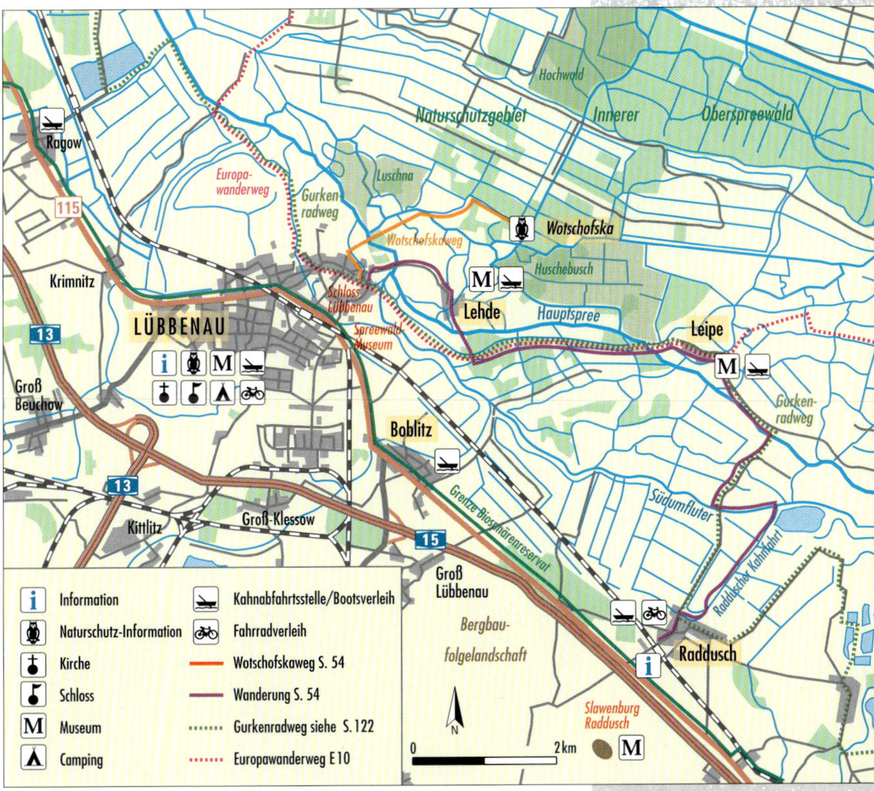

UNTERWEGS ZWISCHEN VETSCHAU UND STRAUPITZ

Der östliche Oberspreewald

Je weiter man im Oberspreewald nach Osten kommt, umso deutlicher nimmt der Anteil des Waldes im Landschaftsbild ab. Gelegentlich vermitteln allenfalls kleine Waldflecken, woher der Name der Region ursprünglich stammt. Der östliche Oberspreewald ist für all jene Besucher das richtige Ziel, die eine lichte und aufgelockerte Natur bevorzugen. Wo andernorts im Spreewald die Wanderwege schon mal über längere Strecken geradeaus verlaufen, an Kanälen und Gräben entlang, die mit dem Lineal gezogen zu sein scheinen, sind die ausgewiesenen Wanderwege rund um Burg verliebt ins Zickzack einer kleinteilig geordneten Kulturlandschaft. Die gesamte Siedlungsstruktur unterscheidet sich ganz deutlich vom Rest des Biosphärenreservates. Die wenigen Dörfer werden ergänzt durch kleine Gehöfte, die sich kreuz und quer übers Land verteilen – als habe ein Riese mit seiner Hand kräftig ausgeholt und Samen ausgestreut, aus denen dann Häuser gesprossen sind. So finden sich hier zwischen Straupitz und Vetschau denn auch kaum Naturschutzgebiete, weil sich der Mensch den Spreewald, mehr als anderswo, nutzbar gemacht hat.

Mittelpunkt des östlichen Spreewaldes ist das Dorf Burg, das touristisch den anderen Gemeinden den Rang abläuft, einschließlich der Stadt Vetschau. Diese fungiert mit ihrem Bahnhof und dem Autobahnanschluss als südliches Tor zum Oberspreewald. Der stündliche Regionalexpress vom Berliner Bahnhof Zoo fährt die Strecke in knapp anderthalb Stunden. Die Anfahrt von Cottbus dauert keine Viertelstunde, von Dresden sind es drei Stunden.

Schinkelkirche in Straupitz

Blick auf Vetschau

VETSCHAU (Wětošow)

Das südliche Tor zum Oberspreewald

Vetschau überrascht – und das im wohl gemeinten Sinne, denn die Stadt, die man bis vor wenigen Jahren eher mit einem Großkraftwerk, denn mit dem Spreewald in Verbindung brachte, verfügt über eine hübsche Altstadt mit einem Schloss und einer kulturhistorisch überaus wertvollen Kirche. Das Braunkohlekraftwerk wurde wie in Lübbenau aufgegeben, was der Luftqualität sehr zugute kommt und Vetschaus Ruf als Tor zum Oberspreewald festigt. Die Konkurrenz von Lübben und Lübbenau ist trotzdem nicht zu leugnen, die Touristenzahlen eher niedrig, was sicher auch damit zu tun hat, dass es in Vetschau keinen Kahnfährhafen gibt.

Die Ersterwähnung Vetschaus fällt auf das Jahr 1302 und wie die Lübbenauer waren die Vetschauer einem Adelsherren untergeordnet. Der Herrschaftssitz sah viele Edelleute kommen und gehen, immer wieder wechselte er seine Besitzer. Namen wie von Strehla, von Torgau, von Biberstein, von Pannwitz, von Zabeltitz, von Schlieben, von Sachsen-Weißenfels, von Promnitz-Sorau, von Pourtalès und von Lynar dekorieren die Adelsliste Vetschaus, das König Ferdinand I. von Böhmen erst in den Vierzigerjahren des 16. Jh.s vom Marktflecken zur Stadt erhob. Im Wirtschaftsleben dominierte das Handwerk, ganz besonders die Schuhmacher und Garnweber. Als in den 1860er-Jahren die Eisenbahnlinie Berlin-Cottbus-Görlitz durchs Land gebaut wurde, erhielt Vetschau Anschluss an den industriellen Fortschritt. Fabriken entstanden, aus kleinen Manufakturen entwickelten sich große Betriebe mit tausenden von Beschäftigten. Nach dem Zweiten Weltkrieg wuchs die Stadt von kaum 3.000 auf 7.500 Einwohner.

Stadt- und Amtsverwaltung Vetschau/Spreewald
Schlossstraße 10
03226 Vetschau/Spreewald
Fon (03 54 33) 77 70
Fax -777 90 10
E-Mail: amtsverwaltung@vetschau.com
www.vetschau.com

Veranstaltungen in Vetschau:
Sept. Altstadtrocknacht
Sept. Stadtfest mit Blasmusik
1. So im Sept. Reiterfest im Ortsteil Märkischheide
Dez. Weihnachtsmarkt

Wendisch-deutsche Doppelkirche

Vetschau entwickelte sich im Verbund mit Lübbenau zu einem der größten Stromerzeuger in der ostdeutschen Republik. Seit 1989 hat sich viel verändert. Die Arbeitsplätze im Kraftwerk sind durch die Aufgabe des Standortes weggefallen – neue Unternehmen haben sich angesiedelt. Wahrnehmbarer für den Besucher ist, dass das mit seinen Ortsteilen noch immer 7.600 Einwohner zählende Vetschau bei der Altstadtsanierung in den vergangenen Jahren große Fortschritte gemacht hat. Es herrscht kleinstädtische Atmosphäre am Markt und in den Gassen, mit Bürgerhäusern, die zumeist aus dem 19. und beginnenden 20. Jh. stammen.

Als einzigartiges Zeugnis für das Jahrhunderte alte kulturelle Neben- und Miteinander von slawischen Wenden und Deutschen im Spreewald gilt die *wendisch-deutsche Doppelkirche*. Auf den ersten Blick erschließt sich die Besonderheit des Gotteshauses nicht, der *Kirchplatz* ist verhältnismäßig eng mit Häusern umstellt und einen zweiten Turm, der auf eine bauliche Zweisamkeit hindeuten könnte, sucht man vergebens. Das Ensemble von wendischer Kirche mit Turm und nördlich angefügter deutscher Kirche ist das Resultat einer mehrere Jahrhunderte währenden Bautätigkeit.

Deutsche Kirche

Die wendische Kirche, in der die sorbischsprachige Bevölkerung ihre Gottesdienste abhielt, geht auf eine längere Tradition zurück, als das deutsche Pendant nebenan. Bereits im 14. Jh. stand hier eine Kirche. Diese wurde im 30-jährigen Krieg durch Feuer stark beschädigt und anschließend neu aufgebaut. Lediglich Teile des Turms weisen heute noch in die Zeit des Mittelalters. Die Landbevölkerung betete weiterhin auf Niedersorbisch, bei den Vetschauer Bürgern aber hatte sich nach und nach das Deutsche durchgesetzt; der Pfarrer hielt seine Predigten in beiden Sprachen. Unter den Stadtbewohnern stellte sich mit steigendem Selbstbewusstsein irgendwann der Wunsch nach einer baulichen wie sprachlichen Trennung ein. Es gab zwar schon damals eine angebaute deutsche Kapelle, deren Größe genügte aber schon lange nicht mehr den Ansprüchen der gewachsenen deutschsprachigen Bevölkerung.

1694, nach fast vierjähriger Bauzeit war es so weit. Das zweite Kirchenschiff, nahtlos nördlich an die wendische Kirche angrenzend, konnte festlich eingeweiht werden.

Wendisch-deutsche Doppelkirche
Öffnungszeiten:
April bis Okt.
Mo–Fr 10.00–12.00 u.13.00–17.00 Uhr
Sa 10.00–12.00, 14.00–17.00 Uhr
So/feiertags 14.00–17.00 Uhr
Zu anderen Zeiten nach Voranmeldung Fon (03 54 33) 77 70
Gottesdienst in der deutschen Kirche: So 10.00 Uhr

Verbunden sind beide Gotteshäuser nur durch die kleine Sakristei im Osten. Das schlichte äußere Bild der zwei Kirchenschiffe steht im ausgeprägten Kontrast zu den Innenausstattungen, die ihrerseits stilistisch vollkommen voneinander abweichen. Selten nur hat man auf so begrenztem Raum variierende bauepochale Wesensmerkmale so klar vor Augen. Obwohl die deutsche Kirche jünger ist, besitzt sie die ältere Ausstattung. Was idealtypisch auf dem 100-Euro-Schein zu sehen ist, die Zeit des Barocks, ist hier ganz konkret nachvollziehbar. Orgelprospekt, Altar, Kanzel, Emporen und Loge schwelgen ganz authentisch in der für jene Epoche so charakteristischen kraftvollen Formenwelt.

Wendische Kirche

Ganz anders die wendische Kirche, die in der zweiten Hälfte des 19. Jh.s komplett umgestaltet wurde. Am neogotischen Orgelprospekt zeigt sich die stilistische Rückbesinnung auf die Zeit der Gotik (20-Euro-Schein), Emporen und Kanzelaltar binden dagegen klassizistische Gestaltungslinien mit ein, ohne der Neogotik ganz zu entsagen, wie an einigen Spitzbogenschnitzereien ersichtlich. Weil die Emporen den Lichteinfall in die Kirche behinderten, hat man damals im Osten ein großes Rundbogenfenster in das Mauerwerk gebrochen. Der letzte wendische Pfarrer in Vetschau hielt im Jahre 1932 auch den vorerst letzten Gottesdienst. Inzwischen findet einmal im Jahr, am zweiten Sonntag im September (Tag des offenen Denkmals) wieder ein evangelischer Gottesdienst in wendischer Sprache statt, einige deutsche Anmerkungen inklusive.

Vetschauer Schloss

Südwestlich von der Altstadt steht das Vetschauer *Schloss*. Auf dem Weg dorthin passiert man das *Torhaus*, einen schmucken Fachwerkbau aus dem 18. Jh. Das Schloss wurde im 16. Jh. als Wasserburg errichtet, ganz im damals weit verbreiteten Stil der Renaissance. Die heutige barocke Anmutung resultiert aus einer grundlegenden Erneuerung zwischen 1860 und 1870. Als die

Herrenhäuser in Brandenburg nach dem Zweiten Weltkrieg enteignet wurden, befand sich das Vetschauer Schloss bereits in kommunaler Hand. Die Stadt hatte es 1920 für 2,1 Millionen Mark von einem Privateigentümer übernommen und ihre Verwaltung darin eingerichtet, woran sich bis in unsere Zeit nichts geändert hat. Sehenswert sind einige Räumlichkeiten. Im Erdgeschoss findet man noch dekorative Gewölbe aus der Entstehungszeit.

Wer durch den umliegenden ***Park*** geht, dem wird wegen des Wassergrabens immer noch der Eindruck von einem Wasserschloss vermittelt. Zahlreiche alte Bäume prägen den grünen Saum, der hin und wieder den Blick auf das Schloss freigibt.

Weißstorch-Informationszentrum

NABU-Weißstorch-Informationszentrum
Drebkauer Straße 2a
03226 Vetschau/Spreewald
Fon (03 54 33) 41 00
Öffnungszeiten:
Mo–Fr 10.00–12.00
u. 13.00–16.00 Uhr
ab April bis 17.00 Uhr
So/feiertags
10.00–17.00 Uhr
www.storchennest.de

Das Land Brandenburg zählt in Mitteleuropa zu den Gegenden mit der höchsten Weißstorch-Brutdichte. Bekannt sind vor allem die märkischen Dörfer Rühstädt im Biosphärenreservat Flusslandschaft Elbe (↗ in Bd. Die Prignitz) und Linum bei Fehrbellin (↗ in Bd. Das Havelland). In beiden Orten gewähren Ausstellungen aufschlussreiche Einblicke in die Lebensweise der Störche.

Auch im Spreewald kommen jedes Jahr Mitte März die ersten Störche von der langen Reise zurück und besetzen ihre Nester. Etwa vierzig Paare brüten im östlichen Oberspreewald rund um Burg und Straupitz und ziehen ihre Jungen auf, bevor sie schon im August wieder auf die Reise nach Süden gehen.

Der Naturschutzbund Deutschland (NABU) betreibt in Vetschau ein ***Weißstorch-Informationszentrum***, das alle Fassetten des Vogellebens beleuchtet sowie darüber hinaus in den Ausstellungsräumen und auf dem Freigelände eine Reihe weiterer umweltrelevanter Themen aufgreift. Die Weißstorch-„Informatiker" richten sogar eine Kamera auf eines der Spreewald-Storchennester und übertragen die Bilder direkt ins Internet, abrufbar unter www.storchennest.de. Besser, als die Brutpflege am heimischen Bildschirm zu verfolgen, ist natürlich eine Reise nach Vetschau ins Informationszentrum und dann weiter nach Burg und Straupitz, um die Störche mit ein wenig Glück in Realität zu erleben.

Weißstörche

Richard Hellmann – the mayonnaise-man aus Vetschau

„In 1903, German immigrant Richard Hellmann came to the United States and in 1905, he opened a delicatessen in New York City …“.

So beginnt eine Erfolgsgeschichte: Der Deutsche Richard Hellmann emigrierte 1903 nach Amerika und eröffnete schon zwei Jahre später einen Feinkostladen in New York. Nun wäre dieser Hellmann für uns kaum von Interesse – schließlich spielt Majonäse, und um die dreht es sich hier vornehmlich, in Mitteleuropa eher eine untergeordnete kulinarische Rolle – wäre da nicht der Umstand, dass der amerikanische Selfmademan 1876 in Vetschau das Licht der Welt erblickte.

Nun ja, so selbst gemacht war der Erfolg Hellmanns in Amerika auch wieder nicht, denn die verfeinerte Rezeptur der kalorienreichen weißen Krem stammte von seiner Frau Emma. Die delikate „Majo“ – ursprünglich eine französische Erfindung des 18. Jh.s – wurde jenseits des Atlantiks zum Renner und bescherte den Hellmanns millionenfachen Dollarreichtum, was auch zum Wohle Vetschaus sein sollte. Eine erkleckliche Summe Greenbacks fand den Weg in den Spreewald. Die Vetschauer besserten damit vor allem ihre Sportstätten auf und ließen es sich nicht nehmen, Richard Hellmann 1929 in New York die Ehrenbürgerwürde zu überreichen.

Damit nicht genug, in der historischen Innenstadt erinnert noch immer eine Straße an ihn. Dort, im Brauhaus in der Richard-Hellmann-Straße, kann man sich in einer musealen Stube mit Hellmann und seinem Werk näher beschäftigen. 1971 starb der gebürtige Vetschauer in New York. Das von ihm gegründete Unternehmen gibt es noch. „Hellmann’s“ zählt zu den Großen der Branche in der Welt und ist sich mit Majonäsen, Salatsoßen und Senf stets treu geblieben.

„From sandwich to salad and much more, Hellmann’s will help you make quick, delicious meals your family love“, na dann: guten Appetit.

Spreefließ in Burg

Tourist-Information
Haus des Gastes
Am Hafen 6
03096 Burg (Spreewald)
Fon (03 56 03) 417, Fax -498
E-Mail: touristinfo-burg.spreewald@t-online.de
www.burg-spreewald-tourismus.de

Veranstaltungen in Burg:

Juli	**Spreewälder Handwerker- und Bauernmarkt**
Aug.	**Heimat- und Trachtenfest**
Sept.	**Spreewald-Skating**
Nov.	**Internationales Schlittenhunderennen**

BURG (Spreewald) – Borkowy (Błota)

Die preußische Seele des Spreewaldes

Sich in Burg zurechtzufinden ist nicht ganz einfach, denn die Verkehrsschilder weisen gleich dreifach in Richtung Burg. Die Gemeinde wurde 1960 aus drei selbstständigen Orten zusammengefügt: Burg-Dorf, Burg-Kauper und Burg-Kolonie. 55 km^2 machen seither aus ihr die größte Streusiedlung in Deutschland. Der Ort hat sich nach 1990 grundlegend verändert. Der Tourismus hat an Bedeutung noch hinzugewonnen, was an den gestiegenen Bettenzahlen leicht abzulesen ist. Sämtliche Unterkunftskategorien sind zu finden, vom Luxus-Wellness-Hotel bis zur Landpension. Auch darf Burg inzwischen mit dem Titel „Staatlich anerkannter Erholungsort“ werben. Die Tourist-Information hat sich im Zentrum von Burg-Dorf niedergelassen, am Festplatz nicht weit vom Spreehafen.

Im Zuge der Gebietsreform 1993 ist dieser Teil des Oberspreewaldes im Landkreis Spree-Neiße mit Sitz in Forst aufgegangen, zählt also zur Niederlausitz ... zur brandenburgisch-preußischen Niederlausitz, um genau zu sein, denn Burg, erstmals erwähnt im Jahre 1315, kam schon 1462 mit der Herrschaft Cottbus an Brandenburg. Die Burger waren, wie die Uckermärker, die Havelländer oder Prignitzer, Untertanen der brandenburgischen Kurfürsten und später der preußischen Könige. Mit Sachsen, wie die Straupitzer, Leiper oder Lübbenauer, hatte man in Burg nichts gemeinsam.

Kauper (↗ Kap. Biosphärenreservat Spreewald) wurde unter König Friedrich Wilhelm I. gegründet, Kolonie im Auftrag Friedrichs des Großen für aus Frankreich vertriebene Hugenottenfamilien. Insgesamt aber kamen die meisten Neusiedler in Burg aus der sächsischen Niederlausitz und dem Cottbuser Raum.

Am Spreehafen in Burg-Dorf

Dass der Burger Spreewald mit seinen Streusiedlungen ganz anders aussieht als der Rest des Gebietes, beruht also auf der damaligen preußischen Zugehörigkeit. Nur Vorteile haben diese politischen Umstände den Menschen in Burg keineswegs gebracht; Geld zum Brückenbau oder für das Anlegen von Deichen zum Schutz vor Hochwasser wurde vom König damals nicht bewilligt.

Burg verfügt über viele *Kahnabfahrtstellen*, vom großen Spreehafen in der Dorfmitte bis zum kleinen hoteleigenen Ableger. Wer nicht in Burg übernachtet, wird einen der größeren Häfen wählen, die in allen drei Ortsteilen Burg-Dorf, -Kauper und -Kolonie vorhanden sind. Je nachdem, wo man einsteigt, variieren auch die angebotenen Routen. Kauper liegt näher am Hochwald, für Fahrten dorthin benötigt man etwa sechs Stunden Zeit. Wer vom Spreehafen Burg-Dorf startet, muss etwa zwei bis drei Stunden mehr einplanen. Die kürzesten Touren dauern lediglich eine Stunde. Praktisch alles ist möglich, man muss nur selbst wissen, wie lange man unterwegs sein möchte und dementsprechend einen Anbieter auswählen.

Burg ist gut auf seine Gäste eingestellt und bietet neben den obligatorischen Kahnfahrten einige weitere Zeitvertreibe.

Empfehlenswert ist eine Besichtigung der *Kirche* in **Burg-Dorf**, größtes Baudenkmal im Ort. Dem Neubau, 1799–1804 im frühklassizistischen Stil ausgeführt, war ein Feuer vorausgegangen, das den in Fachwerkbauweise errichteten Vorgänger vernichtete. So bedauernswert dieser Schaden für die damaligen Burger sicherlich war, das neue Gotteshaus besticht im Innern durch eine farb- und formschöne Ausstattung – ein wahres Schmuckstück unter den Spreewaldkirchen. Beeindruckend die doppelstöckigen Emporen, die mit ihren Stützpfeilern bis an die flache Bretterdecke heranreichen. Der Kanzelaltar ist von 1865 und eine Taufe aus dem Jahre 1876. Die Orgel aus dem Hause Sauer wurde dagegen erst 1973 eingepasst.

Kirche in Burg-Dorf

Ev. Pfarramt Burg
Kirchweg 22
Fon (03 56 03) 4 55
Öffnungszeiten der Kirche:
Frühjahr bis Herbst
Gottesdienst: So/feiert. 10.00 Uhr

Zum Biosphärenreservat Spreewald gehört auch das *Besucherinformationszentrum* in der Byhleguhrer Straße in Burg-Dorf. Die *Ausstellung „Burger Ansichten und Aussichten"* befasst sich mit dem Streusiedlungscharakter des Landstrichs und seiner Entstehungsgeschichte.

Arznei- und Gewürzpflanzengarten/Außenstelle des Biosphärenreservates Spreewald
Byhleguhrer Straße 17
Fon (03 56 03) -69 10
Fax -691 22
Öffnungszeiten Garten:
Mai bis Okt.
Mo–Fr 9.00–15.00 Uhr
Sa/So 9.00–18.00 Uhr
Gartenführungen Juni bis Sept.
jeden 1. u. 3. So im Monat
11.00 Uhr o. nach Voranmeldung

Öffnungszeiten der Außenstelle:
April bis Okt.
tägl. 10.00–17.00 Uhr
Feb. bis März
Mo–Fr 10.00–16.00 Uhr
und nach Vereinbarung

Ein botanisches Kleinod ist der *Arznei- und Gewürzpflanzengarten* mit für den Spreewald charakteristischen Nutzpflanzen, Heilkräutern und Gewürzen. In einer Zeit, in der Naturheilkunde auf dem Vormarsch ist, bieten vor allem die monatlich zweimal oder auch nach Voranmeldung angebotenen Führungen durch den Garten viele interessante Details.

Für blinde Besucher angelegt, aber auch für Sehende interessant: die *Natur-Erlebnis-Uhr*. Die in einer Streuobstwiese angelegte Uhr ist nach den Himmelsrichtungen ausgerichtet. Auf Pflasterwegen spaziert man an Hochbeeten vorbei, deren Spreewaldpflanzen zum Kosten, Fühlen und Riechen einladen. Auch ertastbare Reliefkarten stehen zur Verfügung. Zudem sind alle wichtigen Informationen in Groß- und Brailleschrift angebracht.

Spreewaldbahnhof

Heimatstube Burg
Öffnungszeiten:
Ostern bis Okt.
Do–Mo 13.00–17.00 Uhr
Nov bis Ostern
Mi–Fr 12.00–16.00 Uhr

Die *Heimatstube* am Spreehafen in Burg-Dorf behält ein Stück vergangener Zeiten im Auge, mit wendischen Trachten und diversen alten Gerätschaften, historischen Fotos und Dokumenten. Untergebracht ist die kleine Geschichtssammlung in einem nach historischen Vorbildern neu erbauten Dreiseithof.

Ebenfalls in die Vergangenheit – vielleicht aber auch bald wieder in die Zukunft – richtet sich der Blick am *Spreewaldbahnhof*. In den Jahren 1898 bis 1970 konnte man noch ohne Auto bequem durch den Spreewald reisen. Eine 1.000-Millimeter-Schmalspurbahn mit den Endbahnhöfen Lübben, Goyatz, Lieberose und Cottbus zog schnaufend durchs Land. Und ganz wie es sich gehörte, versah man die Bahn mit einem liebevollen Kosenamen: Spreewald- oder Bimmelguste. Die Strecke Lübben-Straupitz-Burg war 33,9 Kilometer lang und genoss große Beliebtheit bei Einheimischen wie Besuchern. Nach dem Zweiten Weltkrieg setzte in Deutschland das große Schmalspurbahn-Sterben ein, von dem auch der Spreewald nicht verschont bleiben sollte. Zwischen 1952 und 1970 wurde der Betrieb Zug um Zug eingestellt. Guste ging es damit nicht besser, als „Pollo", der 750-Millimeter-Bahn in der Prignitz (↗ Lindenberg in Bd. Die Prignitz).

Der Burger Bahnhof ist die offenkundigste Reminiszenz an das Bahnzeitalter im Spreewald. So wie er dasteht, könnte man sich das Fachwerkhäuschen als originalgetreue Miniaturausgabe bei jeder Modelleisenbahn vorstellen. Doch vielleicht wächst der Bahnhof ja schon bald aufs Neue in seine ihm einst zugedachte Rolle hinein. Es gibt Bestrebungen, die Spreewaldguste wieder auferstehen zu lassen, zunächst zwischen Burg und Cottbus und später vielleicht bis Straupitz. Am besten wäre natürlich ein Ausbau der Strecke zwischen Lübben und Burg, um Berliner – die traditionell zur größten Gästegruppe im Spreewald gehören – wie früher durch den Spreewald zu schaukeln. Doch das wird womöglich für immer ein Traum bleiben.

Ein sportlicher Höhepunkt ist das *Spreewald-Skating*. Nachdem das Rollschuhlaufen dank der modernen Inline-Skater aus dem Dornröschenschlaf erwacht ist, bittet man alljährlich im September die Skater zu drei Strecken zwischen 7,75 und 31 Kilometern Länge. Die Radfahrer müssen ihre gut ausgebauten Wege rund um den Burger Bismarckturm an diesem Tag den schnellen Rollern überlassen. Veranstalter ist das Kulturamt des Spree-Neiße-Kreises, das auch die Anmeldungen entgegennimmt.

Spreewald-Skating
Kulturamt Spree-Neiße
Heinrich-Heine-Straße 1
03149 Forst
Fon (035 62) 98 61 40 15
Fax -98 61 40 88
www.spreewald-skating.de

Der architekturhistorisch bedeutende ***Bismarckturm*** steht etwa einen Kilometer nordöstlich von Burg, an der Straßengabelung Richtung Byhleguhre bzw. Schmogrow. Zu seinem Bau in den Jahren 1915–17 wählte man einen mehrere Meter hohen Hügel, der seit dem 18. Jh. als Schlossberg bekannt ist und auf dem zu slawischer Zeit eine Burganlage stand.

Die Architektur des aus 1.500.000 Calauer Ziegeln errichteten Turms ist für ihre Zeit recht modern und funktionalistisch, ohne Gründerzeitpathos, neogotische oder sonstige Spielarten – ein Verdienst Bruno Möhrings, der einen sehr ausgewogenen Entwurf lieferte. Auf einem breiten quadratischen Sockelgeschoss mit 28 Säulen baut sich die Erinnerungswarte zunächst erneut quadratisch auf, um anschließend in einen achteckigen Abschluss überzugehen. Bezahlt wurde der Burger Bismarckturm von Spreewälder Gutsbesitzern sowie Burger und Cottbuser Bürgern, die dem ersten Reichskanzler ein Denkmal setzen wollten. Dass sich die Fertigstellung bis 1917 hinzog, ging auf das Konto des Ersten Weltkriegs. Während des Zweiten richtete die Deutsche Wehrmacht hier eine Funkleitstelle ein und nutzte den Turm als Beobachtungsposten und nur ein glückliches Geschick verhinderte 1945 seine Sprengung.

Mit der Umbenennung in „Turm der Jugend" tilgte man 1951 die Erinnerung an den ursprünglichen Grund seiner Errichtung – eine Entscheidung, die 1990 rückgängig gemacht wurde, obwohl

Bismarckturm

Bismarckturm in Burg
Öffnungszeiten:
Juli bis August
täglich 10.00–19.00 Uhr
April bis Juni und Sept. bis Okt.
täglich
außer Do 10.00–18.00 Uhr

dieser Name gelegentlich durchaus wörtlich zu nehmen ist, denn bei Konzerten und sonstigen Festen findet sich bisweilen recht junges Volk ein. Egal welches Alter man auch hat, der Burger Bismarckturm ist sicher einen Besuch wert, vor allem in den Monaten April bis Oktober, wenn die Aussichtsplattform geöffnet ist und man in alle Himmelsrichtungen über den Spreewald hinwegblicken kann.

Bruno Möbring – ein Mann zwischen Jugendstil und Funktionalismus

Die Einwohner von Burg im Spreewald verdanken dem 1863 in Königsberg/Ostpreußen geborenen Architekten ihren Bismarckturm, die Berliner etliche Villen, Wohn- und Geschäftshäuser, die Dortmunder eine beeindruckende Zechen-Maschinenhalle. Er wirkte mit an der Berliner Hochbahn, baute dort den Bahnhof Bülowstraße und in Wuppertal den Schwebebahnhof Döppersberg. Er schuf Brücken, von denen jene in Bonn über den Rhein Architekturgeschichte schrieb, und die Moselstadt Traben-Trarbach ist noch heute stolz auf etliche Jugendstilvillen. Auf diversen Weltausstellungen waren seine Hallen und andere repräsentative Räumlichkeiten zu sehen. Er entwarf Restaurants und Geschäfte – im Innern wie auch außen.

Möbring war ein Tausendsassa zwischen Jugendstil und Funktionalismus, der vielerorts in Deutschland architektonische Blickfänge kreierte, von denen der Zweite Weltkrieg leider manche vernichtete.

Er studierte an der Technischen Hochschule in Charlottenburg und ließ sich im Anschluss daran in Berlin als Architekt nieder. Darüber hinaus betätigte er sich als Stadtplaner und war Mitbegründer der Zeitschrift „Stadtbaukunst". Worüber die Berliner heute streiten, ob Hochhäuser stadtbildverträglich sind oder nicht, war für ihn keine Frage, sondern weltstädtische Pflichtübung. Die reichshauptstädtische Silhouette strebte ihm schon in den 1920er-Jahren nicht genug dem Himmel entgegen.

Sein bekanntester Mitarbeiter war Bruno Taut, dem – vielleicht zu Unrecht – die Gegenwart mehr Ehre zuteil werden lässt. Die französische Regierung immerhin ernannte Bruno Möbring zum „Ritter der Ehrenlegion". Er starb 1929 in Berlin, das seine Verdienste noch heute mit der Benennung einer Straße ehrt.

Die Katzenhexe von Burg

Eines nachts wurden in der Burger Mühle sieben Müllergesellen umgebracht. Die Angst ging um und niemand traute sich mehr, dem Müller zur Hand zu gehen.

Bald schon kam ein fremder Mann nach Burg, der suchte Arbeit und wollte sich in der Mühle ehrliches Geld verdienen. Der Müller wollte ihn erst nicht annehmen, denn er befürchtete, der Fremde könnte womöglich dem gleichen grausigen Spuk zum Opfer fallen. Doch dieser ließ sich nicht abweisen und ging schließlich doch in des Müllers Dienste.

In der ersten Nacht nahm der neue Geselle ein Beil mit in seine Kammer. Als die Kirchturmglocke Mitternacht schlug, huschte eine schwarze Katze zu ihm ins Bett. Die Gefahr erkennend griff der Gesell sein Beil und schlug der Katze mit einem kräftigen Hieb ihre linke Vorderpfote ab.

Am nächsten Morgen klagte der Müller bitterlich, seiner lieben Frau sei in der Nacht ein Unglück zugestoßen, sie habe ihren linken Arm verloren. Der Gesell aber erzählte, was sich ihm mit der Katze zugetragen hatte und der Müller wurde gewahr, dass seine Frau eine Hexe war. Der tödliche Spuk aber sollte fortan vorbei sein.

STRAUPITZ (Tšupc)

Die Schinkeldiva des Spreewaldes

Ev. Pfarramt Straupitz
Kirchstraße 5
15913 Straupitz
Fon (03 54 75) 496
Gottesdienst: So 10.00 Uhr

Straupitz ist der Hauptort im nordöstlichen Spreewald. Das 1294 zum ersten Mal genannte Dorf galt eine Zeit lang sogar als Marktflecken, die Entwicklung zu einer Stadt blieb ihm aber versagt. Die Herrschaft Straupitz wechselte verhältnismäßig selten den Besitzer. Von 1655 bis 1945 waren fast dreihundert Jahre allein die von Houwalds Herren von Straupitz.

Der Bruder des Dichters Ernst von Houwald (↗ S. 76) ließ hier in Tšupc, wie es auf Wendisch heißt, 1828–32 eines der Spreewälder Wahrzeichen bauen, die so genannte *Schinkelkirche*. Der Hinweis auf Karl Friedrich Schinkel (↗ Neuruppin in Bd. Das Ruppiner Land) legt zu Recht eine Verbindung mit dem großen Neuruppiner Baumeister nahe, denn die Pläne für das doppeltürmige Gotteshaus gehen tatsächlich auf den genialen Baumeister, den klassizistischen Architekten und Perfektionisten zurück. Bis in eine stattliche Höhe von vierzig Metern reichen die zwei dreigeschossigen, mit zahlreichen Rundbogenfenstern versehenen Türme. Deren klassizistischer Stil setzt sich im Innern der Kirche formschön und klar gegliedert fort. Altaraufsatz und Taufe sind dagegen ein Werk des 17. Jh.s.

Schinkelkirche

Eine weitere Sehenswürdigkeit im Dorf ist das zweigeschossige und mit einem Walmdach ausgestattete *Herrenhaus*, im Allgemeinen Schloss Straupitz genannt. Es entstand in den Jahren 1796/98. Von adelsherrlicher Vergangenheit blieb die Architektur. Es beherbergt heute eine Schule.

Herrenhaus

Eine Besonderheit in Straupitz ist die *Holländer Windmühle*. Sie vereint Korn-, Öl- und Sägemühle unter einem Dach. Die Flügel sind ihr gestutzt worden, Blitzschlag machte ihnen 1923 den Garaus, seither wird die Mühle elektrisch betrieben. Fördergelder werden aber dafür sorgen, dass die Mühle im Jahre 2002 ihr charakteristisches Rutenkreuz wiederbekommt. Das Gebäude wurde im Jahre 1812 errichtet und zeigt sich in der typischen Kegelform einer Holländermühle. 1995/96 hat man die historische Technik im Innern rekonstruiert und damit die einzige in Deutschland erhaltene Mühle mit drei funktionsfähigen Müllereigewerken für die Nachwelt gesichert. Bei einer Führung erfährt man alles über die Funktionsweise der drei verschiedenen Arbeitsgänge und die Leinölherstellung ... und ohne Leinölverkostung sollte man die Mühle nicht verlassen. Wem's schmeckt, der Müller verkauft gern ein paar Flaschen. Den Quark dazu und die Pellkartoffeln muss man sich dann zu Hause zubereiten. Wie heißt es im Spreewald so schön: „Was macht den Spreewälder stark? Kartoffeln, Leinöl und Quark!“

Holländer Windmühle um 1915

Holländer Windmühle
Laasower Straße 11 a
Fon u. Fax (03 54 75) 169 97
E-Mail: windmuehle-straupitz@spreewald-info.de
www.windmuehle-straupitz.de
Öffnungszeiten:
Mai bis Sept.
Di–Fr 9.00–18.00 Uhr
Sa, So, feiertags 10.00–17.00 Uhr
Okt. bis April
Mo–Fr 9.00–16.00 Uhr

Natürlich besitzt auch Straupitz einen *Kahnfährhafen* – Kleine Kahnfahrt genannt. Am Wochenende befährt der Fährmann die Fließe der Umgebung und die Teiche des ehemaligen Schlossparks. Dauer der Fahrten: ein bis zwei Stunden.

Pressformen verschließen

Der Mahler kommt langsam gegangen und schaut eine zeitlang schweigend in die Nacht hinaus
„Des Tages lauter Sturm hat sich gelegt; – Nur von des Schlafes tiefen Athemzügen
Wird noch das stille Meer der Nacht bewegt, – Nur von dem Traum noch lässt das Schiff sich wiegen, – Und jenseits winkt das Land; des Leuchtthurms Flammen, Sie rufen all die Schiffenden zusammen. – – Es ist beschlossen! – Ja ich will hinaus! Nacht, lege Deinen Frieden auf dies Haus, Und leuchtet mir auf meiner Bahn ihr Sterne! – Und wenn die Glocke wieder ruft: es tagt! – Und wenn das Herz in Liebe nach mir fragt! – Lebt wohl! – Lebt wohl! – Dann bin ich ferne! – – "

Aus „Das Bild"
von Ernst von Houwald

Christoph Ernst Freiherr von Houwald – dichtender Wohltäter der Niederlausitz

Geboren wurde Ernst von Houwald 1778 auf Schloss Straupitz. Er studierte in Halle (Saale) Kameralwissenschaften, eine dem Merkantilismus des 17. und 18. Jh. verwandte deutsche Variante der Wirtschaftswissenschaften. Durch die Heirat mit Eleonore von Haberkorn 1806, mit der er neun eigene Kinder hatte, aber auch drei Pflegekinder und den Sohn eines verstorbenen Freundes annahm, kam er zunächst nach Sellendorf bei Golßen. Das dortige Anwesen hatte seine Frau als Alleinerbin zugesprochen bekommen. In den Jahren ab 1815 entstanden hier fast alle seine bedeutenden Bühnenwerke.

Der nach dem Wiener Kongress erfolgte politische Wechsel von Sachsen nach Preußen wurde damals von vielen in der Niederlausitz innerlich nicht nachvollzogen. Auch Houwald gelang es schwerlich, sein sächsisches Ich durch ein preußisches zu ersetzen. Seine Dichtkunst vermochte es gleichwohl, bei den Königen in Berlin Gefallen zu finden, so verliehen ihm Friedrich Wilhelm III. und IV. mehrere Orden .

Houwald schuf tragische Bühnenstücke, Lustspiele, Gedichte, Erzählungen und Jugendbücher und stillte die Sehnsucht der Menschen im Biedermeier – die Zeit zwischen 1815 und 1848 – nach romantischer Schwärmerei. Er gilt noch heute neben Adolf Müllner als der bedeutendste Vertreter der romantischen Schicksalstragödie.

Doch sein Schaffen ging weit über das Dichterische hinaus. 1821 wählte man ihn zum Landessyndikus für die Niederlausitz – dem Leiter der ständischen Angelegenheiten –, was dazu führte, dass er das Herrenhaus Neuhaus in Steinkirchen bei Lübben (↗) kaufte und dorthin umsiedelte. Er trat erfolgreich für die Rechte der Niederlausitz ein, gründete eine Hebammenlehranstalt und rief gemeinsam mit einem Freund die „Provinzialsparkasse für die Niederlausitz" ins Leben, wurde Vorsteher der Lübbener Stadtverordnetenversammlung und manch anderes mehr. Im Herrenhaus Neuhaus entstanden in all den Jahren weitere Dramen.

Houwald starb 1845 sechsundsechzigjährig in Lübben an den Folgen eines Schlaganfalls. König Friedrich Wilhelm IV., einer der großen Verehrer des Niederlausitzer Dichters, ließ eigens im Berliner Opernhaus eine Trauerfeier ausrichten, bei der mit „Das Bild" eines von Houwalds tragischsten Werken nochmals zur Aufführung gelangte.

Fremdenverkehrsverein
Neu Zauche e. V.
Gasthaus zum Oberspreewald
Brunnenplatz 11, 15913 Neu Zauche
Fon (03 54 75) 468, Fax -293

Veranstaltungen in Neu Zauche:

Ende Jan.	**Spinteball**
Feb.	**Fastnacht (Zapust)**
1. Mai	**Kahnfährsaison-Eröffnung**
Juni	**Brunnenfest**
1. So im Aug.	**Stollenreiten**

Werfen wir einen Blick auf die Dörfer der Umgebung – zunächst **Neu Zauche** (Nowa Niwa). Die *Kahnabfahrtstelle* von Neu Zauche heißt Kannomühle und befindet sich etwa vier Kilometer südwestlich der Dorfmitte. Näher am Hochwald liegt nur noch der Kahnfährhafen in Alt Zauche (↗). Die Fahrten durch das besonders geschützte Gebiet nehmen etwa drei Stunden in Anspruch. Die längste Tour dauert acht Stunden und schließt Halte in Lübbenau und Lehde ein.

Die Dorfmitte liegt südlich der Bundesstraße und strahlt ländliche Gediegenheit aus. Ein regional-typisches Museum befindet sich am Brunnenplatz, die *Spreewälder Spintestube*. In der alt-wendischen Tradition wurden früher die jungen Mädchen in der Spintestube in allem unterwiesen, was eine zukünftige Ehefrau und Mutter beherrschen musste. Und so ist es mit dem Anschauen der ausgestellten Gegenstände und Trachten in der Neu Zaucher Spintestube allein auch nicht getan. Man kann selbst das Spinnrad oder den Webstuhl in Gang setzen, kann sich im Hexenkräutergarten nebenan oder auf der Streuobstwiese umschauen und die Tiere beobachten.

Spintestube in Sielow/Żylow, 1924

Spreewälder Spintestube
Brunnenplatz 2, 15913 Neu Zauche
Fon u. Fax (03 54 75) 584
E-Mail : spreewaldhexe@aol.com
www.spreewald-spintestube.de
Öffnungszeiten :
April bis Okt.
Di, Do u. Fr 10.00–17.00 Uhr
Mi 14.00–18.00 Uhr
Sa/So 10.00–12.00 u. 14.00–16.00 Uhr
u. n. Vereinbarung

In der *Spreewälder Kerzenmanufaktur* wird Wachs gegossen, um genau zu sein, Stearin und Paraffin. Wenn man sich vorher anmeldet, darf man am Gussgeschehen teilhaben und sich seine persönliche Kerze kreieren.

Spreewälder Kerzenmanufaktur
Siedlung 19, 15913 Neu Zauche
Fon (03 54 75) 582
Öffnungszeiten: tägl. ab 10.00 Uhr

Zwischen Straupitz und Byhleguhre (Běła Gora) lohnt ein Abstecher zum *Byhleguhrer See*, den man sich auf einem *Rundwanderweg* (↗ Karte S. 79) erschließen kann.
Das Gewässer entstand in der letzten Eiszeit, als ein Toteisblock nach dem Abschmelzen eine 15 Meter tiefe „Delle“ in der Landschaft hinterließ, die sich rasch mit Wasser füllte. Fortschreitende Verlandung hat dazu geführt, dass der See heute kleiner und sehr flach ist. Durch die in den 1960er-Jahren begonnene intensive – inzwischen nur noch extensiv betriebene – Fischzucht und die dadurch eingetretene Verschlammung, ist das Baden nicht unbedingt angeraten, auch wenn es am Südufer eine Badestelle gibt. Der Rundwanderweg streift im Osten des 79 Hektar großen Sees das *Reinsche Luch*, in dem einige heimische Orchideenarten vorkommen.

Florentineneiche in der Byttna (li.) Heldbock (re.)

Nordwestlich des Sees, jenseits der Straße Straupitz-Byhleguhre sollte man in die mystische Natur der Byttna eintauchen. Das zum Naturschutzgebiet Byhleguhrer See zählende Areal besticht durch seltene Waldgesellschaften mit ungefähr vierzig bis zu sechshundert Jahre alten Eichen. Einige davon sind bereits abgestorben und recken sich bizarr in den Himmel, so die „Florentineneiche“. Ihr wurde nach dem Ersten Weltkrieg im Zuge von Trockenlegungsmaßnahmen das Wasser abgegraben – ein schicksalhafter Schlag, der sie das Leben kostete.
Wahrscheinlich sind die Byttna-Stieleichen der Rest eines einstigen Hutungswaldes. Die Eicheln waren willkommene Nahrungsergänzung für die Haustiere der wendischen Bauern. Heute ist die Byttna Lebensraum für den selten gewordenen und unter Schutz stehenden Großen Eichen- oder Heldbock (Cerambyx cerdo). Dessen faszinierende etwa neunzig Millimeter lange Larve nagt fingerdicke Gänge durch das Holz. Besonders im Oktober ist ein Spaziergang durch die Byttna eine optische Sinnenfreude, dann schwelgt das Gebiet im bunten Rausch der herbstlichen Laubfärbung.

Badestelle am Byhlener See

Wer im nordöstlichen Oberspreewald baden möchte, kann dies in einem kleinen Natursee am östlichen Ortsausgang von Byhleguhre tun oder weiter nördlich bei Byhlen im *Byhlener See*, einem idyllischen Fleckchen Erde mit waldgesäumten Ufern, das bereits außerhalb der Grenze des Biosphärenreservates liegt.

320
Neu Zauche
Wußwerk
Butzen
Schinkelkirche
Straupitz
Byhlener See
Byhlen
Gurken-radweg
NSG
Byttna
Byhleguhrer See
Rundwanderweg
Grenze Biosphärenreservat
Naturschutzgebiet Innerer Oberspreewald
Nordumfluter
Byhleguhre
Burg Kauper
Saccasne
Schmogrow
Leipe
Bismarckturm
Gurken-radweg
Burg Kolonie
Burg (Spreewald)
Europa-wanderweg
Guhrow
Naundorf
Werben
Gurken-radweg
Raddusch
Fleißdorf
Müschen
Stradow
Brahmow
Suschow
Babow
Deutsch-wendische Doppelkirche
Belten
Milkersdorf
VETSCHAU
AS 3 Vetschau
Koßwig
Lobendorf
15
Eichow
115
Repten
Krieschow
Information
Naturschutz-Information
Kirche
Schloss/Herrenhaus
Museum
Kahnabfahrtsstelle/Bootsverleih
Windmühle
Aussichtspunkt
Fahrradverleih
Rundwanderweg S. 78
Gurkenradweg siehe S. 122
Europawanderweg E10
0
2 km
N

IM LAND DER GEGENSÄTZE

Die Lausitz zwischen Fürstlich Drehna und Calau

Tourismusverband
Niederlausitzer Land e.V.
Nordpromenade 19
15926 Luckau
Fon (035 44) 30 50
Fax -50 82 76
E-Mail: fvvb.luckau@t-online.de
www.niederlausitz.com

Der Landstrich südwestlich des Oberspreewaldes hat in den vergangenen Jahren eine bemerkenswerte Entwicklung genommen. Er gehört fast völlständig zum Naturpark Niederlausitzer Landrücken. Wer vor zehn Jahren hier war und heute zurückkehrt, wird aus dem Staunen nicht mehr herauskommen. Die Gegensätze könnten kaum größer sein und genau sie sind es, die diese Faszination ausstrahlen. Die Wunden des einstigen Braunkohleabbaus sind schon vielerorts vernarbt. Tagebaugruben füllen sich langsam zu Badeseen und Naturparadiesen, aus Aschenbrödel-Dörfern wurden kulturhistorische Schmuckstücke, allen voran Fürstlich Drehna – eine der Perlen im südlichen Brandenburg. Mit seinem repräsentativen Wasserschloss, dem angrenzenden Landschaftspark, einem malerischen Dorfkern und dem Besucherzentrum des Naturparks ist Fürstlich Drehna der touristische Mittelpunkt im Städtedreieck Luckau–Finsterwalde–Calau ... und guter Ausgangspunkt zum Bereisen der Umgebung. Pflicht ist ein Besuch des Naturparkzentrums Wanninchen, auch ein Abstecher zum Töpferdorf Crinitz sollte auf dem Programm stehen. Nicht zu vergessen die Stadt Calau, Heimat des Kalauers und als Kalawa mit wendischer Vergangenheit deutliches Zeichen, dass der Spreewald nicht mehr allzu fern ist.

Die Bahnstrecken umkreisen die Region. Von Berlin-Schöneweide dauert die Fahrt nach Calau etwa 70 Min., die Regionalbahn von Cottbus, ebenfalls über Calau, nach Falkenberg (Elster) hält auch acht Kilometer südöstlich von Fürstlich Drehna in Gollmitz.

Renaturierung bei Wanninchen

FÜRSTLICH DREHNA

Das geadelte Dorf der Niederlausitz

Bis an den Rand des Dorfes waren die Braukohle-Bagger vorgedrungen, die Freude, dass sie Fürstlich Drehna verschont haben, ist ungeteilt – bei Einheimischen wie Gästen. Ein Schmuckstück ist erhalten geblieben, eine Niederlausitzer Perle, die dem Besucher einige Stunden abverlangt. Zeit, die sich lohnt aufzubringen, denn Fürstlich Drehna hat einiges zu bieten.
Die überlieferte Geschichte reicht bis ins beginnende 14. Jh. zurück. Ort und Herrschaft gingen seither durch viele Hände, die hier aufzuzählen wir Ihnen, lieber Leser, aber ersparen möchten. Die ab 1480 an Stelle einer Vorgängerburg erbaute Wasserburg wurde über die Jahrhunderte, insbesondere ab der 2. Hälfte des 16. Jh.s, stetig verändert und zu einer Vierflügelanlage im Renaissance-Stil erweitert. Ein Geschlecht, das im 18. Jh. in den Besitz der Herrschaft Drehna kam, soll hier nicht unerwähnt bleiben: die Lynars (↗ Lübbenau). Es war deren 1807 errungener Fürstenrang, der sprachlich auf den kleinen Ort abfärbte. Nach dem Zweiten Weltkrieg verlor das Dorf erst einmal seinen dekorativen Adelstitel; nach der Wende von 1989 besann man sich der eigenen Geschichte und kehrte zum traditionellen Namen zurück.

Die Enteignung des letzten privaten Eigentümers Wallenberg-Pachaly im Zuge der Bodenreform 1945 überführte das *Schloss* in Staatsbesitz. Man nutzte es unter anderem als Erholungsheim, als Partei- und Forstschule. 1995 wurde die Brandenburgische Schlösser GmbH Eigner des Drehnaer Wasserschlosses. Seither wird eifrig saniert und der traurig-braungraue Putz ist einem frischen, hellen Anstrich gewichen. Die zukünftige Nutzung steht aber noch in den Sternen. Eine Besichtigung der Innenräume ist leider zurzeit nicht möglich.

Schloss Fürstlich Drehna

Kultur- und Heimatverein/
Historischer Gasthof
„Zum Hirsch"
Crinitzer Straße 2
03246 Fürstlich Drehna
Fon (03 53 24) 70 30
Fax -703 70
E-Mail: info@fuerstlichdrehna.de
www.fuerstlichdrehna.de

Umso ausgiebiger kann sich der Besucher dem anschließenden etwa 52 Hektar großen *Schlosspark* widmen. Er ist ein gelungenes Beispiel landschaftsgärtnerischer Gestaltung des 19. Jh.s. Als künstlerischer Vater des Drehnaer Parks wird Peter Joseph Lenné angenommen, dessen Plan es wohl war, der ab 1819 zur Ausführung kam (zu Lenné ↗ Criewen in Bd. Die

Schloss

Uckermark). Durch die Abbaggerung der nahen Braunkohle ist dem Park im englischen Landschaftsstil zur Zeit der 1980er-Jahre ein Großteil abhanden gekommen, darunter der nach 1887 ausgehobene Parksee, dessen fünfzehn Hektar Ausdehnung den heutigen, 1986 angelegten, Teich um ein Vielfaches übertraf.

Die seit 1983 durchgeführten und ab 1990 noch intensivierten Bemühungen, den Schlosspark zu erhalten und zu restaurieren tragen deutlich Früchte. Teile der Bergbaufolgelandschaft sind dem Park zurückgegeben worden. Sie veranschaulichen den Erfolg der Rekultivierungsmaßnahmen der letzten Jahre. Lennés Können und in die Zukunft reichende Weitsicht wird gehegt und gepflegt. Immer wieder erlauben Lichtungen Aussicht auf kräftige alte Bäume, die – wie Blut- und Hainbuche – sich gegenseitig ihre Farben streitig zu machen scheinen. Im Frühjahr setzen blühende Rhododendren farbige Akzente in der Landschaft.

Blickfang und Blickgeber zugleich ist der 1992 aufgestellte gusseiserne *Pavillon* am See – ein schönes Plätzchen, um der Seele zu schmeicheln. Die Augen wandern über die Wasserfläche, die sich unter dem häufig wehenden Niederlausitz-Wind kräuselt.

Schlosspark

Der Pavillon stand früher im Gutspark von Saßleben bei Calau, bis zur Bodenreform 1945 war er im Besitz der Berliner Kaufhausfamilie Wertheim. Schloss und Park in Saßleben sollten dem Bergbau geopfert werden, blieben aber nach der Wende von 1989 verschont. Der Pavillon war aber zu jener Zeit bereits abgebaut und wurde für den Park in Fürstlich Drehna restauriert, dem er heute gut zu Gesicht steht.

Marktplatz

Mittelpunkt Fürstlich Drehnas ist der kopfsteingepflasterte *Marktplatz*. Ein 1895 mit zwei Hirschen aufgewertetes *Portal* weist hier auch den lindenbestandenen Weg zum Schloss. Es ist eine Erinnerung an die Reederfamilie Wätchen, die das Ensemble 1877 von den Lynars übernommen hatte und es mit dem Flair eines Jagdsitzes versah. Zu dem Anwesen gehören außerdem ein Amtshaus, der Gutshof und die *Brauerei* – Letztere klar an ihrem neogotischen Turm und den gestapelten Bierkästen zu erkennen. Die Tradition der Schlossbrauerei geht schon auf das Jahr 1745 zurück. Die Braumenge beläuft sich jährlich auf 18.000 Hektoliter Bier. Der dem Gerstensaft zugeneigte Besucher kann nebenan im historischen Gasthaus „Zum Hirsch" die unterschiedlichen Sorten verkosten. Das Gasthaus ist ein Barockbau aus dem 18. Jh. und lockt im Sommer mit einem der schönsten Biergärten der Region. Gemeinsam mit der 1895 vollständig erneuerten *Dorfkirche*, dem ehemaligen Schulhaus von 1889 und dem früheren Gärtnerhaus prägt es die historische Dorfmitte Fürstlich Drehnas. Im *Gärtnerhaus* residiert heute die *Verwaltung des Naturparks Niederlausitzer Landrücken*. Hier wird aber nicht nur verwaltet; als Besucherzentrum des Großschutzgebietes informiert man kurzweilig und lehrreich über natürliche, landschaftliche und kulturhistorische Zusammenhänge in der Region. Wechselnde Ausstellungen helfen dabei (↗ auch Kap. Niederlausitzer Landrücken).

Naturpark Niederlausitzer Landrücken
Ausstellung und Besucherzentrum
Öffnungszeiten:
Mai bis Okt.
Mo–Fr 8.00–16.00 Uhr
Sa/So 13.00–16.00 Uhr

Ausflugsziele rund um Fürstlich Drehna:
Ganz in der Nähe des Dorfes, steht eine *Bockwindmühle* oberhalb des *Drehnaer Sees*, der bis zum Jahre 2006 vollständig geflutet und dann etwa 215 Hektar Ausdehnung haben wird. Sie drehte sich früher in Schiebsdorf, einem Ort nördlich von Luckau. 1993 kaufte der Fürstlich Drehnaer Heimatverein die Mühle und baute sie im Jahr 2000 an ihrem neuen Standort wieder auf. Der Verein stützte sich mit seinem Vorhaben durchaus auf die Geschichte des Ortes, denn Fürstlich Drehna besaß früher zwei Mühlen, von denen die letzte in den 1930er-Jahren leider niederbrannte. Das jetzige Windrad geht im Kern auf 1788 zurück. Viele Bretter sind zwar erkennbar neuesten Datums, die Technik im Innern ist aber größtenteils noch aus dem 18. Jh. Sie kann nach vorheriger Absprache mit dem Verein besichtigt werden.

Bockwindmühle

Crinitz

www.amt-kleineelster.de
Veranstaltung in Crinitz:
Anfang April Töpfermarkt

Töpfereien in Crinitz:
Vorwahl (03 53 24)

Töpferei Falkenhan
Gartenstraße 20, Fon -408

Töpferei Ines Franke
Hauptstraße 11, Fon -490

Töpferei Christel Kiesel
Hauptstraße 6, Fon -650
www.kieselsteinzeug.de

Töpferei Detlef Klausch
Hauptstraße 93 a, Fon -483

Töpferei Uwe Matthias
Idastraße 20, Fon -648

Töpferei Herbert u. Annett Schulze
Hauptstraße 67
Fon -528

Töpferei Tunsch
Groß Mehßower Straße 6
Fon -444

In das Töpferdorf **Crinitz** kommt man entweder auf der Straße, das sind per Auto/Fahrrad etwa vier Kilometer, oder zu Fuß bzw. mit dem Rad über eine Teilstrecke des ausgeschilderten „Landrückenwegs“ (ca. anderthalb Kilometer weiter). Crinitz liegt umgeben von Wäldern in den Hügeln des Niederlausitzer Landrückens, die hier auf 140 bis 150 Meter Meereshöhe ansteigen.

Dass Crinitz seit dem 19. Jh. eine der Töpferhochburgen Brandenburgs ist, verdankt es den Rohstoffen, die die Umgebung in Form von Ton, Wasser, Holz und Braunkohle ausreichend bereithielt. In sieben Töpferwerkstätten werden die Brennöfen auch heute noch auf 1300 Grad gebracht um die Rohlinge zu brennen und so haltbar zu machen. Mit Holzbefeuerung arbeitet noch die Töpferei Kiesel, alle anderen sind inzwischen auf Elektroöfen umgestiegen. Jährlich wiederkehrend Anfang April zeigen die Crinitzer Töpfereien auf dem Töpfermarkt, was sie können. Die tönerne Vielfalt reicht von kleiner Zier- und Gebrauchskeramik bis hin zu größeren skulpturalen Einzelstücken.

Wer die Arbeitsprozesse verfolgen möchte ... die Crinitzer Werkstätten lassen sich gerne mal in die Karten schauen, veranstalten zum Teil Kurse – und verkaufen natürlich auch ihre Produkte. Informationen zu Öffnungszeiten und Angeboten gibt es bei den einzelnen Töpfereien.

Crinitz eignet sich gut als Ausgangspunkt für Wanderungen. Zahlreiche *Wanderwege* führen von hier in nahezu alle Himmelsrichtungen, etwa nach Bergen, ins Naturschutzgebiet Gahroer Buchheide oder zur Teichlandschaft Groß Mehßow.

Johann Gottlieb Koppe – ein landwirtschaftlicher Schriftsteller

Johann Gottlieb Koppe, 1782 in Beesdau bei Luckau geborener Sohn eines Kleinbauern, wurde nach seiner Lehre zunächst Gutsverwalter. Schon früh veröffentlichte er Abhandlungen über die Landwirtschaft, wurde mit Ende zwanzig Lehrer an der Lehranstalt Albrecht Daniel Thaers in Möglin bei Wriezen/Oderbruch, der späteren „Königlich Preußischen Akademie des Landbaus“. Koppe pachtete im Oderbruch die

Güter Wollup und Kienitz. Beeinflusst durch die thaerschen Grundsätze einer rationellen Landwirtschaft und mithilfe der fruchtbaren Böden des Oderbruchs gelang ihm der Sprung vom Kleinbauernsohn zum erfolgreichen Landwirt. Sein Wissen veröffentlichte er in zahlreichen Schriften, die ihm den Ruf des bedeutendsten landwirtschaftlichen Autors in Preußen einbrachten. Für seine Verdienste zeichnete ihn die Universität in Berlin 1850 sogar mit der Ehrendoktorwürde aus. Durch den von Koppe betriebenen Zuckerrübenanbau – 1838 hatte der erste Zucker die Kienitzer Fabrik verlassen – wurde der Grundstein für den Wohlstand des Oderbruchs gelegt, wo in der Folge Rübenzucker über 150 Jahre lang die Existenzgrundlage vieler Menschen sein sollte.
1842 kaufte er in seinem Heimatdorf Beesdau das Rittergut mit Schloss. Koppe starb dort 1863. Durch sein Wissen hat sich das Landleben im Brandenburg des 19. Jh.s, mit Auswirkungen bis in unsere Zeit, nachhaltig verändert.
Das Grab Johann Gottlieb Koppes mit einem sehenswerten Gedenkstein findet man auf dem Beesdauer Friedhof.

Herrenhaus in Beesdau

Radroute Fürstlich Drehna–Bergen–Beesdau–Wanninchen–Görlsdorf–Garrenchen–Schlabendorf–Zinnitz–Mallenchen–Fürstlich Drehna: ca. 35 km (Karte S. 94/95)

Einmal rund um den ehemaligen Tagebau Schlabendorf-Süd. Auf dieser Route sind die Kontraste in der Landschaft besonders offensichtlich. Wer öfter diese Strecke fährt, wird dennoch jedes Mal Neues entdecken, denn die Rekultivierung sorgt dafür, dass dieser Landstrich fortlaufend ein anderes Gesicht bekommt. Sich im Vorfeld bei der Naturparkverwaltung in Fürstlich Drehna über die jüngsten Fortschritte in der Landschaftsgestaltung zu erkundigen, kann also sehr nützlich sein.

Vom Marktplatz in Fürstlich Drehna geht die Fahrt am Gärtnerhaus vorbei, die Luckauer Straße bergan nach Norden. Wenig später führt die Route im Bogen nach Westen und bringt uns geradewegs durch den Wald über den „Kranichradweg" nach **Bergen**. Das Dorf macht seinem Namen alle Ehre, denn es liegt auf der Anhöhe des Landrückens. Die Blicke schweifen von hier weit in die Landschaft hinein, gleiten über die Wälder der Umgebung in die tiefer liegende Luckauer Ebene.

Die Straße führt uns von hier hinab in Richtung Beesdau/Luckau. Nach knapp zwei Kilometern wechseln wir in einer Rechtskurve die Richtung und erreichen kurze Zeit später **Beesdau**, in das wir nach links einfahren. Zu sehen gibt es hier

Herrenhaus in Beesdau

Dorfkirche Beesdau:
Den Schlüssel gibt es nach tel. Absprache bei Laugsch (Straße der Einheit 15, Fon 035 44 -120 18) oder bei Schenker (Straße der Einheit 41, Fon -120 70) eventuelle Sommeröffnungszeiten erfragen

Naturparkzentrum
15926 Wanninchen
Fon u. Fax (035 44) 50 80 61
Fax -50 80 62

ein *Herrenhaus* (Privatbesitz, nur Blick von der Straße möglich) und eine *Dorfkirche* aus dem 12./13. Jh. Das Bemerkenswerte an der Beesdauer Kirche sind die üppig ausgeführten Steinmetzarbeiten an den vier Epitaphen und der Kanzel im Innern aus dem 16. Jh.

Das *Gutshaus* am nördlichen Dorfausgang ersetzte ab dem 15. Jh. eine durch Kriegseinwirkung zerstörte Wasserburg, deren Umrisse in der umgebenden Rasenfläche noch zu erkennen sind. Bis ins 20. Jh. hinein wurde „Schloss“ Beesdau stetig verändert, so im 19. Jh., als man es im Zeitgeschmack neoromanisch aufschmückte, leider auch kurz nach 1945, als manche Türmchen und Gesimse der Hacke zum Opfer fielen. Der neue Eigentümer, ein Nachfahre von Johann Gottlieb Koppe (↗ S. 84), hat den 1945 enteigneten Familienbesitz 1997 von der Treuhand zurückerworben, saniert die Gutsanlage und hilft damit ein Stück Beesdauer Kulturgeschichte zu erhalten.

Naturparkzentrum Wanninchen

Auf der Straße nach **Görlsdorf** geht es durch offene Felderlandschaft ein wenig bergan. Nach etwa zwei Kilometern, in einer Linkskurve knickt eine unbefestigte Straße nach rechts, durch das *Naturschutzgebiet Görlsdorfer Wald* zum *Naturparkzentrum Wanninchen* ab – der ideale Ort für eine längere Rast mit herrlichen Ausblicken in den ehemaligen Tagebau (↗ Kap. Naturpark Niederlausitzer Landrücken).

Zurück zur Landstraße und weiter geht es über Görlsdorf und Garrenchen nach **Schlabendorf**. Der Ort gab einst dem Tagebaugebiet seinen Namen. Wir biegen im Dorf rechts ab und radeln am Rand des *Schlabendorfer Sees* nach **Zinnitz**. Schmuckstück im Dorf ist das *Herrenhaus* aus dem 19. Jh. Erbaut in der Zeit nach 1818, ließ Erasmus Robert Freiherr von Patow das Gebäude 1864–67 umfassend im Stil des frühen Neoklassizismus' verändern. Damals entstand auch der Turm, der schon von Weitem neugierig auf das macht, was sich dort am süd-

lichen Ende von Zinnitz verbirgt. 1817 wurde das „Schlösschen" an die Bergbaugesellschaft verkauft, die es ihrerseits einige Jahre später an die Reichsbahn veräußerte. Nach 1945 war hier eine Schule untergebracht. Seit einigen Jahren ist das Zinnitzer Herrenhaus in Privatbesitz und wird vom neuen Eigentümer saniert.
Ein kurzes Stück der Straße Luckau-Calau bringt uns auf einer Brücke über eine ehemalige Kohlebahn zwischen den Tagebaugebieten Schlabendorf-Nord und -Süd. Kurz hinter der Brücke geht es nach rechts. Wir lassen **Mallenchen** links liegen und fahren südlich um den *Drehnaer See* herum.
Schon sehen wir Fürstlich Drehna und finden zum Ausgangspunkt der Radtour zurück.

Freiherr von Patow

(1804 in Mallenchen, † 1890 in Berlin)*
Er war Beamter, Oberpräsident der Provinz Brandenburg – damit deren höchster Verwaltungsbeamter –, Berliner Oberbürgermeister-Kandidat, 1844/45 Direktor im preußischen Innen- und Außenministerium, nach der Märzrevolution von 1848 preußischer Minister für Handel, Gewerbe und öffentliche Arbeiten und Mitglied des Preußischen Landtags, einige Jahre später noch preußischer Minister der Finanzen. 1871–73 für die Altliberalen Mitglied des Reichstags und schließlich von 1873 bis 1881 noch einmal Oberpräsident, jetzt der preußischen Provinz Sachsen.
Ein stattlicher Lebenslauf – und er war Herr im Gutshaus zu Zinnitz nordwestlich von Calau. Er war nicht unumstritten, Liberale wie Kommunisten sahen in ihm in der Zeit der 1840er- und -50er-Jahre einen Bremser auf dem Weg zu einer sozialeren, freieren und demokratischeren Gesellschaft. Als Handelsminister war er ein Verfechter dessen, was man wohl heute Reaganomics oder Thatcherismus nennen würde, also dem sozialen Element in der Wirtschaftspolitik gegenüber abgeneigt. Den Konservativen dagegen galt Patow wiederum als zu freigesinnt, allen voran Otto von Bismarck, mit dessen Ernennung zum preußischen Ministerpräsidenten von Patow sein Amt als Finanzminister aufgab.
Seine verschiedenen Berufungen führten es mit sich, dass Patow auch thematische Abhandlungen zu Papier brachte, darunter Aufsätze, die uns heute im Zeitalter des Euro wie aus einer anderen Welt vorkommen: „Beleuchtung der Zolltarifs-Veränderungen, welche die Preußische Regierung ihren Zollverbündeten vorzuschlagen beabsichtigt"…

Gutshaus Zinnitz

Calauer Marktplatz (Platz des Friedens)

Stadtverwaltung Calau
Pressestelle
Platz des Friedens 10
03205 Calau
Fon (035 41) 891 12
Fax -891 53
E-Mail: amt-calau@t-online.de
www.calau.de

CALAU (Kalawa)

Heimatstadt des Kalauers

Wer die Internet-Seite der knapp 7.000 Einwohner zählenden Stadt Calau besucht, wird zunächst mit einem Kalauer der Woche begrüßt. Die Stadtväter lassen also keinen Zweifel daran, dass die Geschichte des hintersinnigen Witzes namens Kalauer hier zwischen Spreewald und Niederlausitzer Landrücken ihren Anfang genommen hat. Es heißt, die Schuhmacher – es gab im 19. Jh. zeitweise über hundert Schuhmacherwerkstätten – hätten während der Arbeit Witze und Anekdoten zum Besten gegeben, die dann von den Wandergesellen ins Land getragen worden seien. Der Schriftsteller und Redakteur Elias Levy alias Ernst Dohm brachte mit seinen Texten den Kalauer in dem ab 1848 herausgegebenen politisch-satirischen Berliner Magazin „Kladderadatsch" einem größeren Publikum nahe. Auf diese Weise ging das Wort allmählich in den deutschen Sprachschatz ein. In der Cottbuser Straße 16 hat man Ernst Dohm zum Gedenken eine Tafel angebracht.

Die Stadt Calau ist erheblich älter, als die hintersinnige Komik gleichen Namens. Mit seiner Ersterwähnung als „Calowe" beginnt 1279 die niedergeschriebene Geschichte. Die planmäßig als Oval angelegte Siedlung erhielt im 14. Jh. eine Stadtbefestigung mit zwei Toren, dem Luckauer und dem Cottbuser. Reste der aus Feldstein aufgeschichteten *Wehrmauer* finden sich im Norden der Stadtmitte an der Straße „Am Schlagbaum". Im Stadtplan tauchen Nennungen auf wie Schloßstraße und Burgplatz, ebenfalls im nordwestlichen Viertel der Altstadt, Ortsbezeichnungen, die auf das frühere Vorhandensein einer Burg oder eines Schlosses hindeuten. Tatsächlich existierte in Calau bereits zu slawischer Zeit um die erste Jahrtausendwende unserer Zeitrechnung eine Burg.

Nach dem Ausbau während der mittelalterlichen deutschen Ostkolonisation konnte sich in deren Schutz eine deutsche Siedlung herausbilden. Schon vor dem 30-jährigen Krieg verfielen die Gemäuer der „Dunkelsburg" genannten Befestigung und wurden abgetragen. Auf dem Gelände steht heute das so genannte *Burglehnhaus*, ein liebenswürdiges Barockgebäude von 1716.

Mittelpunkt Calaus ist der *Marktplatz* (Platz des Friedens). Der optische Eindruck des Karrees wird geprägt vom Rathaus, der Stadtkirche sowie den einrahmenden Bürgerhäusern und einigen Nachkriegsbauten. Die Gute Stube Calaus täuscht heute beinahe darüber hinweg, dass in den letzten Tagen des Zweiten Weltkriegs mehr als sechzig Prozent der Stadt zerstört wurden. In der Umgebung rund um den Platz ist das in Form von modernen Wohnblöcken zu erkennen, die nicht der mittelalterlichen Vorkriegsstraßenordnung folgen.

Das *Rathaus*, ein Neorenaissance-Ziegelbau von 1880, verlor 1945 seinen markanten Turm und Teile des Fassaden- und Dachgaubenschmucks. Ein ähnliches Schicksal ereilte damals die spätgotische *Stadtkirche*, deren Hauptbauzeit – unter Einbeziehung von Teilen der Vorgängerkirche aus dem 13. Jh. – auf das 15. Jh. datiert wird. Der Spitzhelm ist ein Werk der jüngeren Vergangenheit; bis zu seiner Zerstörung am Ende des Krieges krönte eine Türmerwohnung den Turm, darüber eine Barockhaube mit Laterne, vergleichbar der Oberkirche in Cottbus. 1962 rekonstruierte man den Turm in spitzer Form. Erhalten blieb die reich über mehrere Geschosse mit Blenden versehene Außenhaut des Turms, ein sehenswertes Beispiel für die in der Spätgotik übliche, Öffnungen vortäuschende, Scheinarchitektur.

Die Inneneinrichtung der Calauer Stadtkirche wurde 1945 unglücklicherweise gänzlich zerstört. Dennoch findet sich hier ein Altar. Er stammt aus der Dorfkirche Vorberg, einem Dorf nördlich von Calau, das der Braunkohleförderung weichen musste.

Rathaus

Kirchenbüro Calau
Kirchstraße 32
03205 Calau
Fon (035 41) 27 61
Öffnungszeiten Kirchenbüro:
Mo–Fr 9.00–12.00 u.
15.00–18.00 Uhr
Gottesdienst: So 10.00 Uhr

Stadtkirche

Heimatmuseum Calau
Kirchstraße 33
Öffnungszeiten werktags:
Termin vereinbaren in der Stadtbibliothek unter
Fon (035 41) 80 10 49 oder -29 73

Wendische Kirche

Erlebnisbad Calau
Ziegelstraße 11
Fon (035 41) 80 02 04
Öffnungszeiten:
15. Mai bis 15. September
9.00 – 20.00 Uhr,
in den Sommerferien bis 21.00 Uhr

Bockwindmühle Calau
Säritzer Weg 15
Fon (035 41) 80 06 17
geöffnet nach telefonischer Absprache

Zwei weitere historische Bauwerke bereichern die Calauer Innenstadt, beide in direkter Nähe zur Stadtkirche. Nicht zu übersehen ist die ehemalige Mädchenschule. Das zweigeschossige Fachwerkhäuschen von 1790 ist immer noch recht lehrreich, inzwischen aber nicht mehr als Schule, sondern als *Heimatmuseum* – und das schon seit 1935. Eine Schusterwerkstatt lässt, wie allerlei sonstige Gerätschaften, das 19. Jh. wieder aufleben. Einige Ausstellungsstücke reichen aber auch dank des Braunkohlen-Tagebaus bis in die Urzeit zurück.

Ganz in der Nähe weckt eine weitere Kirche die Neugierde, Landkirche oder *Wendische Kirche* genannt. Veränderungen im 17. Jh. und die Ergänzung um den neogotischen Giebel 1875 führten zur heutigen Gestalt des im Kern 1520 errichteten Gotteshauses. Bis 1945 konnten jene Dorfgemeinden in der Region darin ihren Gottesdienst abhalten, die selbst keine eigene Kirche besaßen. Die Calauer Stadtkirche war dagegen den Städtern vorbehalten. Heute nutzt die evangelische Calauer Gemeinde die Landkirche als Winterkirche.

Drei Calauer Freizeit-Tipps zum Schluss:

Wer in den Sommermonaten Erfrischung sucht, findet sie im Calauer *Freibad* in der Ziegelstraße, zu erreichen (Richtung Senftenberg) über Cottbuser und Karl-Marx-Straße, im östlich der Innenstadt gelegenen Ortsteil Altnau.

Technisch Interessierte haben zwei Anlaufpunkte zur Auswahl. Westlich der Stadt am Säritzer Weg die historische *Bockwindmühle* und in entgegengesetzter Richtung in der Altnauer Straße ein technisches Privatmuseum. Die Mühle stammt aus dem 16. Jh. und ist seit 1575 in Familienbesitz – eine bemerkenswerte Kontinuität in einem Landstrich, der politisch wie naturräumlich von so vielen Umwälzungen gekennzeichnet ist. In Schuss gehalten wird das Denkmal vom „Müller" Wilfried Schneider, der aber kein Getreide mehr zwischen die Mühlsteine bringt, sondern allenfalls Besucher durch den Bau führt. Die Technik entspricht weitestgehend unverändert dem Zustand etwa des Jahres 1780, als die Mühle mit einem zweiten Mahlgang ausgestattet wurde. Bis 1930 waren die beiden Antriebsräder, die so genannten Kammräder, in Betrieb, seither stehen Wind- wie Kammräder still.

Jünger, wenn auch nicht minder interessant, ist die *Sammlung technischer Maschinen* und Fahrzeuge von Reinhard Bareinz. Die Stücke bringen es auf ein Alter von ungefähr 100 bis 150 Jahren, darunter Standmotoren, Dampfmaschinen und Traktoren. Alles ist noch funktionsfähig, was hin und wieder bei kleinen Vorführungen unter Beweis gestellt wird. Stolz der Sammlung ist eine etwa hundertfünfzig Jahre alte mechanische Werkstatt.

Sammlung historischer Maschinen und Geräte, Altnauer Straße 71
Fon (035 41) 20 02 o. -80 16 77
geöffnet nach tel. Absprache

Die Tragödie des Schauspielers Joachim Gottschalk

Wäre die Geschichte des 20. Jh.s anders verlaufen, der deutsche Film hätte, neben Heinz Rühmann, Ilse Werner oder Johannes Heesters unter anderen auch für Joachim Gottschalk lange Zeit die Bühne seines Lebens sein können. Das Dritte Reich aber verhinderte dies, indem es ihn mit 37 Jahren in den Freitod trieb.

Im Jahre 1904 wurde Gottschalk in Calau geboren. Nach Abitur und Anheuerung auf einem Schiff der Handelsmarine nahm er in Berlin Schauspielunterricht und bekam schon bald Engagements an den Theatern in Stuttgart, Zwickau, Leipzig und Frankfurt/Main. Zunächst wusste kaum jemand, dass seine Frau Meta Jüdin war. Ab 1938 konnte Joachim Gottschalk sein Talent auch vor der Kamera unter Beweis stellen. In sieben Filmen, darunter „Du und ich“, „Aufruhr in Damaskus“ und „Das Mädchen von Fanö“, zeigte er – unter anderem an der Seite von Brigitte Horney – sein Können, faszinierte das Publikum mit anziehend kühlem Charme.

Doch das Propaganda-Ministerium von Joseph Goebbels hatte die „Rassenschande“ der Gottschalks zu dieser Zeit schon aufgedeckt und stellte den Schauspieler vor die Wahl: Trennung von seiner jüdischen Frau oder Fronteinsatz. Er lehnte ab, wohl wissend, dass dies den sicheren Tod von Meta zur Folge gehabt hätte. Die bittere Konsequenz: Arbeitsverbot. Doch auch ohne Trennung schwebte das Damoklesschwert von Theresienstadt über der Familie. Einer von Gottschalks Filme hieß „Flucht ins Dunkel“. Am 6. November 1941 wählten er und seine Frau genau diesen Ausweg und nahmen den 1933 geborenen Sohn mit.

Die Calauer haben die Geburtsstraße des aufrechten Mimen nach ihm benannt. Außerdem erinnert ein Standbild in der Joachim-Gottschalk-Straße an jenen fast vergessenen Schauspieler.

Ein Kalauer

Hempel betritt eine Gaststätte und bestellt sich Eisbein mit Kraut und ein großes Bier. Als er zahlen will, sagt der Wirt: „ ... macht zwei Taler und sieben Groschen“. Hempel zählt siebenundzwanzig Groschen ab und schmeißt sie schwungvoll hinter den Tresen. Der Wirt – stinksauer – sammelt das Geld auf und grummelt in sich hinein.

Am Tag darauf kommt Hempel wieder in die Kneipe und bestellt Eisbein mit Kraut und ein großes Bier. Als er zahlen will, sagt der Wirt misstrauisch: „zwei siebzig“. Hempel legt ein Fünftalerstück hin. „Warte nur ab,“, denkt der Wirt, „jetzt krieg' ich Dich“. Er zählt dreiundzwanzig Groschen ab und schmeißt sie zu Hempel hinüber. Der kann sie natürlich nicht fangen, sodass sich die Münzen im ganzen Lokal zerstreuen. Doch Hempel lässt sich nicht beirren, bleibt ganz ruhig, überlegt nur kurz und legt dann schmunzelnd vier Groschen auf die Theke: „Hier haste schon mal Vorkasse, für Morgen ...!“

Steinbank in der Calauer Schweiz

Die Calauer Schweiz
Ein Geflecht von Wanderwegen durchzieht das Naturschutzgebiet Calauer Schweiz südlich der Stadt. Es ist mit über 1.400 Hektar ein wichtiges Schutzgebiet innerhalb des Naturparks Niederlausitzer Landrücken.

Höchste Erhebung ist der Kesselberg, immerhin 161 Meter hoch und demzufolge nicht nur die bedeutendste Erhebung des Niederlausitzer Landrückens, sondern zugleich einer der höchsten Berge Brandenburgs, wenn das Wort „Berg“ an dieser Stelle erlaubt sein darf. Die Höhe gestattet denn auch hin und wieder schöne Aussichten in die Landschaft, vom Kuhringsberg (151 m) sogar bis hinüber zum Oberspreewald.

Kiefernmischwälder bedecken die Hügel, klare Bäche wie der Kesselbach schlängeln sich hindurch und sind, wie auch Moore und Teiche, Lebensgrundlage für eine vielfältige Pflanzen- und Tierwelt. Rotbauchunke, Teich- und Kammolch sind einige Beispiele für in den Gewässern der Calauer Schweiz lebende geschützte Amphibienarten. Für Ornithologen interessant ist der Vogelreichtum. Man trifft auf Hauben- und Rothalstaucher sowie verschiedene Entenarten. Wegen ihrer Größe unentdeckt bleiben häufig Schilfrohr-, Teichrohr- und Drosselrohrsänger. Mit Geduld entdeckt man in der Calauer Schweiz sogar Eisvogel, Kampfläufer, See- und Fischadler oder den scheuen waldliebenden Schwarzstorch.

Schutzgemeinschaft
Calauer Schweiz e. V.
Dorfstraße 14
03205 Weißag
Fon (035 41) 80 28 30
Fax -71 23 03
E-Mail: calauerschweiz@web.de
www.schutzgemeinschaft-calauer-schweiz.de

Bester Ort, um eine Wanderung durch die Calauer Schweiz zu beginnen, ist die Stegschänke in **Werchow**. Seit über 150 Jahren kehren hier durstige und hungrige Besucher ein. Ganz in der Nähe drängen am „Goldborn“ geschätzte 400 Liter Wasser in der Minute an die Oberfläche. Die eingefasste *Quelle* – der Name beruht auf eisenhaltigen Ablagerungen – gilt als der bedeutendste natürliche Brunnen in der Niederlausitz. Kurfürstin Anna von Sachsen soll das Wasser des Goldborns im 18. Jh. sogar für Heilzwecke genutzt haben.

Typisches Feldsteinhaus in der Calauer Schweiz

Eine Besonderheit im Süden der Calauer Schweiz in und um Weißag, Gosda und Zwietow sind die im 18. Jh. errichteten Feldsteinhäuser. Die Dörfer hier nennt man im Volksmund „Plinsdörfer“. Diese Bezeichnung geht auf die aus Buchweizenmehl gebackenen Plinsen zurück, die in der Calauer Schweiz zum kulinarischen Erbe gehören.

LUCKAU
historische Altstadt
Naturpark
Niederlausitzer
Landrückenweg
Pitschen-
Pickel
Falkenberg
Uckro
Paserin
Pelkwitz
Gießmanns-dorf
Schollen
Karche
Zaacko
Wierigsdorf
Siedlung
Cahnsdo
Calauer Vorstadt
Sandoer Vorstadt
Zöllmersdorf
Langengrassau
Gemeinde Heideblick
Wittmannsdorf
Freesdorf
Frankendo
Görlsdorf
Waltersdorf
Goßmar
Kranich-rastplatz
NSG
Borchelts-busch
Höllenberge
Höllberghof
Struveberg
Wüstermarke
Sorge
Wachtelberge
Schwarzer Berg
Neumühle
Gehren
Berste
Riedebeck
Beesdau
Grünswalde
Gärten der Sinne
Grüneberg
Gehrener Heide
Neusorgefeld
Walddrehna
Mosesberg
Bornsdorf
Alte Grube
Fließ
Pilzheide
Trebbinchen
Bergen
Fuchsberg
Wehnsdorfer Heide
Wehnsdorf
Kleinkrausniker Heide
Pechhütte
Weißack
Gahroer Pechhütte
Hundsberge
Buchheide
Unterheid
Mühle
Gahrow
Crinitz
Töpferdorf
Großkrausniker Heide
Zeisigberg
Grenze Naturpark
Oberhof
Akazie
Oberheide
Hellberge
Strecke stillgelegt
Mühlenfließ
Paseriner
Beke
96
102
87
Information
Naturschutz-Information
Kirche
Schloss/Herrenhaus
Museum
Windmühle
Aussichtspunkt
Fahrradverleih
Camping
Radroute S. 85
Radroute S. 111
Landrückenweg
0
2 km
N

Freiimfelde
Terpt
Ragow
Biosphärenreservat Spreewald
115
Groß Radden
Stottoff
LÜBBENAU
Krimnitz
Klein Radden
13
Alteno
Wudritz
Hindenberg
Neustadt
AD 10/1 Spreewald
Wilmersdorf
Stöbritz
Groß Beuchow
Klein Klessow
Egsdorf
Bergbau-
Eisdorf
15
Groß Klessow
Stoßdorfer See
Dobra
folgelandschaft
Schlabendorf-Nord
Redlitz
Kittlitz
Niederlausitzer Landrücken
Lichtenau
Garrenchen
Lichtenauer See
Schönfeld-Nord
Schlabendorf
Schönfelder See
Grenze Naturpark
Naturlehrpfad Luttchensberg
Naturschutzgebiet
Bischdorf
Zinnitz
Schlabendorfer See
Seeser
AS 12 Calau
Bathow
Bergbaufolgelandschaft
NSG Wanninchen
Bergbaufolgelandschaft
Schlabendorf-Süd
Groß Jehser
Mlode
Schloss und Park Fürstlich Drehna
Fürstlich Drehna
Mallenchen
Schranke
Drehnaer See
Buckow
CALAU
Tugam
Kleptna
Säritz
Klein Mehßow
15
122
Groß Mehßow
107
Schadewitz
Weinberg
NSG
87
Kemmen
Werchow
152
Babbener Berg
13
Görlitzer Fließ
Landrückenweg
Radensdorf
Craupe
Landrücken
NSG Calauer Schweiz
Babben
Schrackau
Cabel

NATURPARK NIEDERLAUSITZER LANDRÜCKEN

Naturpark
Niederlausitzer Landrücken
Luckauer Straße 1
03246 Fürstlich Drehna
Fon (03 53 24) 305-0
Fax -305-20
E-Mail: Rene.Sturm@LAGS. Brandenburg.de
Ausstellung und Besucherzentrum
Öffnungszeiten:
Mai bis Okt.
Mo–Fr 8.00–16.00 Uhr
Sa/So 13.00–16.00 Uhr

Naturparkzentrum Wanninchen
15926 Wanninchen
Fon (035 44) 50 80 61
Fax -50 80 62

Bergbaufolgelandschaft Stiebsdorfer See

Eingerahmt von den Städten Luckau, Lübbenau, Calau, Sonnewalde und Dahme, erstreckt sich auf einer Fläche von 580 km^2 mit dem Naturpark Niederlausitzer Landrücken ein landschaftlich besonders kontrastreiches brandenburgisches Großschutzgebiet. Der seichte Höhenzug des Landrückens wurde vor etwa 200.000 Jahren im Zuge der Saale-Eiszeit angehäuft. Als geröll- und sandhaltige Endmoräne markiert er die südliche Eisgrenze eines mächtigen Gletschervorstoßes während der so genannten Lausitz-Kaltzeit.

Im Süden des Naturparks geben größtenteils mit Kiefern bewaldete, bis knapp 160 Höhenmeter aufsteigende mittelgebirgsartige Hochflächen den Ton an. Nördlich vorgelagert – im Luckau-Calauer Becken – dominieren landwirtschaftlich genutzte Flächen. Weiter östlich zwischen Fürstlich Drehna, Schlabendorf und Calau beherrschen die stillgelegten Gruben der Braunkohle-Tagebaue das Bild der Landschaft.

Ein gutes Sechstel des heutigen Schutzgebietes wurde im 20. Jh., verstärkt seit den Fünfzigerjahren, von Menschenhand überformt. Dörfer verschwanden, Wälder wurden gerodet – eine Mondlandschaft entstand auf dem Lausitzer Boden, mit riesigen, tiefen Gruben und aufsteigenden Braunkohle-Abraumhalden. 137 Millionen Tonnen Kohle hat man hier in gut drei Jahrzehnten ans Tageslicht befördert.

Was in der Zeit vor 1990 kaum denkbar erschien – eine Rekultivierung und touristische Nutzung des Gebiets – hat inzwischen, nachdem die bergbauliche Ausbeutung 1991 ihr Ende fand, große Fortschritte gemacht. Gleichwohl wird noch einige Jahre Geduld haben müssen, wer hier eine naturnahe Landschaft besuchen möchte. Man geht von insgesamt zwanzig Jahren aus, bis durch planmäßige Flutung der Tagebaurestlöcher aus gegenwärtig 700 Hektar Wasserfläche eine Seenplatte mit etwa 30 Seen entsprechend 2.100 Hektar geworden ist. Wenngleich diese Entwicklung langfristig angelegt ist, sind die Besucher schon heute von den weiten und offenen Flächen beeindruckt. Auch dort, wo scheinbar noch keine landschaftsplanerischen Arbeiten begonnen haben, faszinieren diese mit mannigfaltigen farblichen Kontrasten und unwirklich anmutenden, von Wind und Regen kreierten Landschaftsformationen – und einer an die besonderen Bedingungen angepassten Flora und Fauna mit Trockengrasfluren auf mageren Sandböden ebenso wie den verschiedensten Feuchtbiotopen.

Anlaufpunkt für interessierte Besucher ist, neben dem Besucherzentrum in Fürstlich Drehna, das Naturparkzentrum Wanninchen mit seinen vielfältig gestalteten Außenanlagen südöstlich von Luckau, am nordwestlichen Rand des ehemaligen Tagebaus Schlabendorf- Süd. Ein Findlingsgarten macht hier unter anderem mit steinernen eiszeitlichen Relikten vertraut und vom Aussichtsturm wandert der Blick über die bizarre Landschaft des einstigen Braunkohleabbau- und jetzigen Naturschutzgebiets.

Die Naturparkverwaltung organisiert regelmäßig geführte Wanderungen und vermittelt auf diese Weise die ungeahnte Biotopvielfalt in der Region. Alles in allem nähert sich die Zahl der nachgewiesenen Pflanzenarten im gesamten Naturpark der beachtlichen Summe von fast 1.200. Gut jede zehnte davon gilt deutschlandweit als gefährdet, darunter beispielsweise die Aufrechte Weißmiere und die giftige, aber strahlend blühende Kornrade, auch Rote Kornblume – beides Nelkengewächse – , der Feld-Klettenkerbel, das Sumpf-Johanniskraut oder der im zeitigen Frühjahr lieblich duftende Gagelstrauch. Die Tierwelt überrascht, neben dem Weißstorch und dem seltenen Fischadler, mit einigen Kauzarten, darunter dem winzigen und stark gefährdeten Sperlingskauz und dem häufigeren Raufußkauz, den der Naturpark als Wappentier führt.

Raufußkauz, Wappenvogel des Naturparks

Ein besonderes Erlebnis, vor allem im Frühjahr und Spätherbst, ist der Kranichrastplatz rund um den Borcheltsbusch, ein ca. 300 Hektar großes Moor südlich der Straße Goßmar-Freesdorf (↗ S. 112/113). Ein weiterer Höhepunkt im Schutzgebiet ist der Höllberghof bei Wüstermarke (↗ S. 107/108). Von Langengrassau führt eine prächtige Allee auf den Landrücken und damit in die leicht gewellte Hügellandschaft der „Höllenberge", die den Hof umgeben und in die das weitläufige Areal malerisch eingebettet ist. Das Gebäudeensemble mit Dreiseithof und Nebengelassen, bringt uns die Zeit des Mittelalters zurück, und dies nicht nur architektonisch, auch anhand alter Haustierrassen und der Darstellung altbäuerlicher Gartennutzung und Anbaumethoden. Der Hof liegt am 70 km langen *„Landrückenweg"* (Karten S. 94/123), der als (Rad-) Wanderweg den Naturpark zwischen Drahnsdorf bei Golßen und Altdöbern auf ganzer Länge durchquert und Naturschönheiten wie historische Sehenswürdigkeiten erschließt.

Landrückenweg bei Bornsdorf

DAS SÜDLICHE LUCKAUER LAND

Wo die Niederlausitz zur Leidenschaft wird

Ein Land, das so unsere Sinne belebt wie das südliche Luckauer Land, entlässt seine Besucher mit einem Gefühl der Begeisterung wieder nach Hause – Begeisterung für eine Gegend, die sich mit beeindruckenden Bauwerken ebenso ins Gedächtnis bringt, wie mit sinnlichen Gärten und faszinierenden Naturereignissen.
Viele Mosaikteilchen setzten dieses Bild zusammen. Die Saale-Eiszeit schuf den Niederlausitzer Landrücken, dessen Hügel im Süden und Westen waldbestanden das Luckauer Becken säumen. Tausende Kraniche, inszenieren alljährlich im Spätsommer und Herbst bei Freesdorf ein beeindruckendes Schauspiel. Menschen haben in der Vergangenheit augenfällige Preziosen der Architektur geschaffen. Die moderne Gartengestaltung betört seit der Landesgartenschau Luckauer und ihre Gäste mit Farbenrausch und Blütenduft. Vergessen wir nicht die Gärten der Sinne zwischen Gehren und Walddrehna, wo Kunst und Landschaft sich gegenseitig verführen, und schließlich der Höllberghof bei Langengrassau, überregional bekannter Anlaufpunkt für alle, die das bäuerlich-mittelalterliche Leben hautnah erleben wollen.
Das südliche Luckauer Land bietet eine große Vielfalt an Sehenswürdigkeiten und ist nicht nur über die Autobahn A 13, sondern auch mit der Bahn schnell zu erreichen. Züge vom Berliner Bahnhof Zoo nach Luckau-Uckro benötigen gut 80 Minuten, von Leipzig über Doberlug-Kirchhain oder von Dresden über Elsterwerda sind es etwa zwei Stunden. Auch Walddrehna besitzt einen Bahnhof. In Uckro, Luckau, Langengrassau und einigen anderen Bahnhöfen der Umgebung hält ab Ostern den Sommer hindurch an Wochenenden auch die private Niederlausitzer Eisenbahn.

**Deutsche Regionaleisenbahn/
Niederlausitzer Eisenbahn
Mittelstraße 20
12529 Schönefeld bei Berlin
Fon (030) 63 49 70 76,
(035 42) 82127 u. 0177-560 47 97
E-Mail: deutsche.regionaleisenbahn
@t-online.de
Fahrplan unter:
www.regionaleisenbahn.de**

Am Borcheltsbusch

Markt in Luckau

LUCKAU

Das verschwenderische Mosaik einer selbstbewussten Stadt

Luckau, ab dem 15. Jh. Hauptstadt der Niederlausitz genannt und dem größeren Cottbus bis ins 19. Jh. hinein ebenbürtig, ist: ... schön! Als Beschreibung kann dies natürlich nicht genügen, es bringt aber die zahlreichen Fassetten, in denen sich die Stadt darstellt, auf einen Nenner. Sehenswerte Baudenkmale, wohin die Augen schweifen – geprägt vom Formenreichtum verschiedenster Architekturepochen. Grünanlagen, Parks und Gärten schmücken die Stadt und verbreiten eine wohltuende Stimmung.

An Stelle eines frühmittelalterlichen slawischen Burgwalls entwickelte sich im 13. Jh. eine deutsche Burg, in deren Gefolge sich dann die Stadt Luckau herausbildete, erstmals erwähnt 1276 als Lukkowe. Die heutige Schreibweise bürgerte sich im 17./18. Jh. ein. Die Lage am Schnittpunkt wichtiger Handelsstraßen von Magdeburg nach Schlesien und von Leipzig nach Frankfurt (Oder) ebnete den Weg für Luckaus wirtschaftlichen Aufstieg. Eine reiche Marktkultur entstand; es gab Bartholomäus-, Simon-, Judä- und Kantatemärkte, später auch einen Wollmarkt. Noch 1861 trafen sich die Handelsleute auf vier Jahrmärkten.

Aber so gut der Standort in Friedenszeiten war, so nachteilig erwies er sich, wenn kriegerische Auseinandersetzungen sich entlang der Verkehrswege ausbreiteten, so wie im 30-jährigen Krieg. Die Schweden nutzten die Stadt 1642 – 44 als gut ausgebauten Stützpunkt. Am 12. Mai 1644 vertrieben sich ein paar ihrer Soldaten mit Kartenspielen die Zeit. Diese hätten aber besser daran getan, nicht zu rauchen, denn durch eine Unachtsamkeit entfachten sie ein Feuer, das sich schnell ausbreitete und weite Teile der Stadt einäscherte. 1652 ging dann erneut das Feuer um. Luckau lag am Boden und war kaum in der Lage, den Wiederaufbau aus

Tourismusverband
Niederlausitzer Land e. V.
Nordpromenade 19, 15926 Luckau
Fon (035 44) 30 50, Fax -50 82 76
E-Mail: fvvb.luckau@t-online.de
www.niederlausitz.com
www.luckau.de

Veranstaltungen in Luckau:

30. Apr./1. Mai Luckauer Lenz (Frühlingsfest)
letztes Wochenende im Juni Musik- und Heimatfest
3. Okt. Reitertag des Reit- und Fahrvereins
Okt. Hubertusjagd

Schmuckgiebel am Markt

eigener Kraft zu bewerkstelligen. Hilfe kam von außen. Aus vielen Gegenden Deutschlands fanden Spenden den Weg in die Niederlausitz, und noch heute möchte man den damaligen Gönnern danken. Sie haben dazu beigetragen, dass wir mit der historischen Luckauer Altstadt ein für Brandenburg einzigartiges Flächendenkmal besitzen – allein der Marktplatz macht einen Besuch Luckaus lohnenswert. Einige Bürgerhäuser überraschen mit vegetabil-ornamentalem Fassadenschmuck, die die Kunstfertigkeit und handwerklichen Fähigkeiten der italienischen Stuckateure des 17./18. Jh.s. belegen. Die Schweifgiebel zeugen von der sächsischen Vergangenheit Luckaus, die bis 1815 dauerte (↗ Niemegk in Bd. Der Fläming) – seither lebte man preußisch ... und war Kreisstadt, ein Titel, den die Luckauer 1993 an Lübben verloren. Dank umfangreicher Eingemeindungen zählt die Stadt heute etwa 7.900 Einwohner. Das 17. Jh. brachte ebenfalls Zerstörung und Pest für das Städtchen. Die Zeit des Zweiten Weltkriegs aber ging ohne größere Schäden an der historischen Innenstadt vorüber.

Der *Marktplatz* zeigt dies recht eindrucksvoll, nicht nur mit seinen *Bürgerhäusern*. Das alles überragende Bauwerk ist der *Hausmannsturm*. An dessen Fuß findet man die im 13. Jh. ge-

gründete ehemalige *Georgenkapelle*. Nach der Reformation erwies sich das kleine Gotteshaus als überflüssig, im 20. Jh. diente es als Spritzenhaus. Mittlerweile nutzt die Stadt es als Festhalle und als Standesamt. Der Hausmannsturm wurde 1656 zu einer Warte aufgestockt. Von oben hatte man – und hat noch immer – einen guten und wachsamen Blick, der weit über die Stadtmauer hinausreichte. Noch wichtiger aber war der Blick des „Hausmanns" auf die Stadt selbst, schließlich waren die Luckauer aus Feuerschaden klug geworden ... und dank des über den Dächern wohnenden Mannes und seiner „Zeitansagen" wussten die Bürger ganz nebenbei immer, was die Stunde geschlagen hatte.

Besteigung Hausmannsturm: wo es den Schlüssel gibt, ist am Turm angeschlagen

Otto Erich Hartleben – ein Luckauer auf Zeit

Er wurde nicht in Luckau geboren – sondern 1864 in Clausthal im Harz – und er starb auch nicht hier – sondern 1905 in Salò am Gardasee. Trotzdem war Luckau im Lebenslauf von Hartleben nicht nur eine Randnotiz. In den Jahren 1887/88 lebte er hier am Marktplatz im Hotel Goldener Ring und absolvierte am Luckauer Amtsgericht sein Referendariat, obwohl die Juristerei nicht gerade sein Steckenpferd war. Der Großvater hatte ihn dazu genötigt und er, finanziell von dem alten Mann abhängig, weil die Eltern früh gestorben waren, hatte sich dem gebeugt. Dabei war Otto Erich, wie er sich verkürzt als Schriftsteller nannte, kein angepasster Mensch ... im Gegenteil. Schon als Kind widersetzte er sich der religiösen Erziehung seiner Mutter, trieb in der Schule seinen Unfug. Respekt gegenüber den Lehrern war nicht seine Sache. Wohl aber der Umgang mit der Sprache, denn er war ein echter Bücherwurm und schrieb schon als Kind Theaterstücke – und war bereits mit zehn dem Alkohol zugetan.
So schlug Erich, trotz 1889 abgeschlossenen Jura-Studiums, den eher unangepassten Weg der Dichtung ein – die Luckauer Zeit als Wendemarke. In den 1890er-Jahren lebte er mit seiner Frau Selma in Berlin. Seine Werke sind die eines naturalistischen Dramatikers, spiegeln die Abneigung gegen Kleinbürgertum und religiöse Scheinheiligkeit. Der endgültige schriftstellerische Durchbruch gelang ihm schließlich im Jahre 1900 mit dem Stück „Rosenmontag: eine Offizierstragödie", das zunächst in Berlin und München, dann in den Theatern Europas Begeisterung fand. Zu dieser Zeit war seine Gesundheit bereits angegriffen – der Alkohol hatte ihm zugesetzt und es vergingen keine fünf Jahre mehr, bis er, gerade mal vierzigjährig in Salò am Gardasee starb.

Kinderliebe

Wir haben's einst so gut verstanden,
zu küssen uns zu rechter Stund,
eh wir es selber ganz empfanden,
gefunden hatte Mund zu Mund.

Ein einiger Gedanke schwebte,
war weder mir noch dir bewusst,
und plötzlich Lipp an Lippe bebte
und plötzlich bebte Brust an Brust.

Dann haben wir's vergessen müssen,
verleugnet ward die Kindheit,
wir trugen, statt uns froh zu küssen
ehrbar und dumm das Heuchlerkleid.

Doch als ich jetzt nach langen Tagen,
dich still Geliebte wiedersah
wir hatten's gar zu schwer getragen
da war die Kindheit wieder da!

Otto Erich (Hartleben)

Rathaus

Im Gegensatz zur verspielten Platz-Randbebauung aus sächsischer Zeit steht das leuchtend ockergelbe Luckauer *Rathaus*. Es wurde Anfang der 1850er-Jahre im neoklassizistischen Stil errichtet und weckt Erinnerungen an Theaterbauten jener Zeit. Im Ratskeller wird heute italienisch aufgetischt – sehen wir's als fortgesetzte Reminiszenz an die italienischen Fassadengestalter, die dem Platz um 1700 sein charakteristisches Flair verliehen haben. Im *Ratskeller* findet der überraschte Besucher ganz unklassizistische Gewölbe aus dem Mittelalter, das heutige Rathaus ruht nämlich auf den Fundamenten seines altehrwürdigen Vorgängers.

Ev. Kirchengemeinde Luckau
Schulstraße 2, 15926 Luckau
Fon (035 44) 23 39,
Fax -50 90 95
Di – Do 9.00 – 14.00 Uhr
E-Mail:
stefan.hoffmann@kirche-luckau.de
www.kirche-luckau.de

Vom Rathaus führen zwei enge Gassen, Rathausstraße und Kirchstraße, zum Kirchplatz und der dort mächtig aufragenden gotischen *Nikolaikirche*. Sie ist schon von Ferne ein beeindruckendes sakrales Monument, dass die einstige herausgehobene Stellung Luckaus im Reigen der Niederlausitzer Städte in besonderer Weise unterstreicht. Vor dem Hintergrund, dass Luckau bis ins 19. Jh. hinein nicht einmal dreitausend Bewohner hatte, wirkt die Größe von St. Nikolai ungewöhnlich. Das älteste, aus dem 13. Jh. stammende Mauerwerk zeigt sich am Unterbau der Zwillingstürme. Die zweite Bauphase vollzog sich, jetzt unter Verwendung von Ziegeln, wahrscheinlich in den 50er- und 60er-Jahren des 14. Jh.s. Mit der Angliederung der Lausitz 1370 an das Königreich Böhmen unter Kaiser Karl IV. (in Personalunion König von Böhmen) nahmen Luckau und seine Hauptkirche eine stürmische Entwicklung. St. Nikolai wurde großzügig erweitert, die wohlhabenden Bürger stifteten freigiebig für die Innenausstattung. Wären nicht die ins Kartenspiel versunkenen schwedischen Soldaten gewe-

St. Nikolai

sen, die Nikolaikirche stünde womöglich heute noch als formvollendet mittelalterliches Gesamtkunstwerk dar. Durch das Feuer von 1644 versank ein großer Teil des mächtigen Gotteshauses in Schutt und Asche. Der Wiederaufbau zog sich bis in die 1670er-Jahre hin und kann heute noch bestaunt werden.
Es war die Zeit des Barocks und genau jenem Stil verschreibt sich denn auch das Innere mit seiner imposanten Ausstattung. Eine Besonderheit sind die in den Seitenschiffen eingefügten geschlossenen Emporen, so genannte Patrizierlogen, in denen reiche Bürger auch im Winter dank Fußöfchen während des Gottesdienstes nicht frieren mussten.
Ein wahres Meisterwerk ist die Wendeltreppe mit zwei ineinander verschachtelten Aufgängen zur Loge im ersten Stock und der darüber liegenden offenen Empore im zweiten. An der Westseite füllt eine weitere Empore gemeinsam mit einer prachtvollen Barock-Orgel von 1672/73 die gesamte Stirnwand des Mittelschiffs. Stilistisch die Einrichtung komplettierend, ergänzen ein Hochaltar im Osten und eine Kanzel mit Schalldeckel im Süden des Mittelschiffs den hohen Raum mit anziehenden Blickpunkten. Zahlreiche Epitaphe, Grabsteine und Wandmalereien erhöhen zudem den glanzvollen Eindruck von St. Nikolai auf seine Besucher.

Nur einen guten Steinwurf von St. Nikolai entfernt befindet sich der „*Schlossberg*". Ein Schloss sucht man vergebens – allerdings gab es an dieser Stelle tatsächlich bis zum 30-jährigen Krieg eine Befestigung in Fortsetzung des slawischen Burgwalls und der deutschen Burg aus der Zeit der mittelalterlichen Ostkolonisation. Mit „Schlossberg" verbinden die Luckauer schon lange eine Gaststätte. Das den Hügel bestimmende Haus steht hier bereits seit 1846.
Mittlerweile erinnern sich die Einheimischen bei dem Namen Schlossberg aber auch an die Landesgartenschau, die im Jahr 2000 tausende Gäste nach Luckau einludt. Rund um den Schlossberg hat man dafür ein kleines gärtnerisches Paradies geschaffen mit einem Weinberg und verschiedenen Themengärten. Ein Gang durch das reizvolle Gelände sollte in jedem Fall auf dem Besuchsprogramm stehen. Gleich nebenan findet man auch das *Haus des Gastes* mit der *Informationsstelle des Tourismusverbandes Niederlausitzer Land*. Parks und Gärten stehen spätes-

Öffnungszeiten St. Nikolai:
Mitte April bis Mitte Okt.
Sa, So u. feiertags
11.00–16.00 Uhr
Di–Do Schlüssel im Kirchenbüro
(s. S. 102)
Kirchenführungen möglich,
zu Konzerten Informationen
beim Tourismusverband
(Brandenburgische Sommerkonzerte)

Innenansicht St. Nikolai

Themengarten hinter dem Schlossberg

Am Stadtgraben (li.) Themengarten an der Stadtmauer (re.)

tens seit der brandenburgischen Gartenschau ganz oben auf der Sehenswürdigkeitenliste von Luckau. Dazu gehört auch ein Gang rund um die Altstadt parallel zur größtenteils noch gut erhaltenen *Stadtmauer*. Der zweite Verteidigungsring, der *Stadtgraben*, ist weitgehend noch vorhanden. Er wird vom Goßmarer Fließ gespeist, das über den Umweg Stadtgraben wenig später in die Berste mündet.

Der Weg führt durch gepflegte *Parkanlagen*, häufig mit Tuchfühlung zum malerisch baumbestandenen Graben. Blumenbeete wechseln sich mit Bereichen ab, die mehr dem englischen Landschaftsgarten gleichen. Im Südwesten, zwischen den Resten des ehemaligen Sandoer Tores und dem „Mönchhof", der geradewegs zum Markt führt, hat man direkt an der Stadtmauer hübsche kleine *Gärten* geschaffen, die sich verschiedener floristischer Inhalte annehmen.

Das Gegenstück zum Sandoer Tor war früher das Calauer Tor im Osten. Unübersehbar markiert der *Rote Turm* dessen Stelle. Den Namen erhielt der mittelalterliche Wehrturm von seinem roten Ziegelmauerwerk. Eine außen angebrachte Gedenktafel erinnert stolz an den 4. Juni 1813. An jenem Tag stellten sich russische und preußische Soldaten vor den Toren Luckaus siegreich napoleonischen Verbänden entgegen. Mit der Geschichte nimmt es die Tafel dann aber doch nicht so ganz genau, denn der Marsch der Franzosen auf Berlin wurde letztlich am 23. August desselben Jahres bei Großbeeren verhindert – und nicht hier vor Luckau. Trotzdem wird der 4. Juni 1813 zur Hebung der Kampfmoral bei den preußischen Soldaten einiges bewirkt und den Sieg in Großbeeren mit vorbereitet haben (Befreiungsschlachten ↗ auch Möckern, Hagelberg und Dennewitz in Bd. Der Fläming).

Roter Turm in Luckau

Stadtpark

Südlich des historischen Zentrums liegt das eigentliche Landesgartenschaugelände von 2000, der *Stadtpark* – eine weite Fläche nach dem Muster des englischen Landschaftsparks mit verschlungenen Wegen und Wasserflächen, aber auch mit Streuobstwiese, Irrgarten und Wasserspielplatz. Weiter südlich geht der Park unmerklich in die freie Niederlausitzer Landschaft über – ein schöner Ort, um einen Luckau-Besuch abzuschließen. Doch bevor es so weit ist, noch ein paar Hinweise zu den musealen Einrichtungen der Stadt.

Seit 1912 stellen die Luckauer ihre und die Regional-Geschichte in einem *Heimatmuseum* zur Schau, seit nunmehr 1935 in der Langen Straße 71 im einstmals so genannten Eichner'schen Gesellschaftshaus. Als „Gedächtnis der Region" greift die Ausstellung bis in die Altsteinzeit zurück, widmet sich den Zeugnissen Luckauer Handwerksgeschichte und schwenkt über den 30-jährigen Krieg und die Preußenzeit bis fast in die Gegenwart. Die alltägliche Lebensweise vergangener Jahrhunderte spiegelt sich in vielen Ausstellungsstücken wider. Auch würdigt das Museum den aus Beesdau (↗) stammenden Agrarreformer Johann Gottlieb Koppe, der im 19. Jh. als bedeutendster landwirtschaftlicher Schriftsteller Preußens von sich reden machte. Ein in den 1990er-Jahren aufgebauter naturkundlicher Ausstellungsbereich zeigt beispielhaft die Zusammenhänge zwischen Flora und Fauna in der nordwestlichen Niederlausitz.

Heimatmuseum Luckau
Lange Straße 71, 15926 Luckau
Fon u. Fax (035 44) 22 93
Öffnungszeiten:
So 11.00–16.00 Uhr
Di 9.00–12.00 u. 14.00–18.00 Uhr, Mi – Fr 9.00–12.00 und 14.00–16.00 Uhr
Sonderausstellungen

Vom Heimatmuseum mitbetreut wird die *Karl-Liebknecht-Gedenkstätte* in der gleichnamigen Straße, die vom östlichen Ende des Marktplatzes nach Norden führt. Das dortige Gefängnis ist schon vom Markt aus unzweifelhaft als solches zu erkennen. Von 1916–18 saß Liebknecht hier ein, nachdem er am 1. Mai 1916, mitten im Ersten Weltkrieg, bei einer verbotenen Demonstration auf dem Potsdamer Platz in Berlin die Worte gesprochen hatte:

Karl-Liebknecht-Gedenkstätte:
Besuch nur Mi nach Voranmeldung im Museum

„Nieder mit dem Krieg! Nieder mit der Regierung!“ Diese zwei Sätze bedeuteten fast zweieinhalb Jahre Zuchthaus. Das Urteil lautete sogar auf vier Jahre, aber die politischen Wirren von 1918 brachten Liebknecht am 16. Oktober die vorzeitige Freiheit. ... die ihm aber kein Glück verheißen sollte, denn wie auch Rosa Luxemburg wurde Karl Liebknecht am 15. Januar 1919 in Berlin ermordet. Die kleine Ausstellung skizziert den Lebensweg des einstigen Reichstagsabgeordneten und Mitbegründers der KPD (Kommunistische Partei Deutschlands), insbesondere seine Luckauer Zuchthauszeit und die untrennbar damit verbundene Vorgeschichte.

Im Nordosten der Altstadt, direkt an der Stadtmauer befindet sich das *„Napoleonhäuschen“*, so genannt, weil sich der französische Kaiser und Kriegsherr hier aufgehalten haben soll. Das in Fachwerk errichtete Wiekhaus (↗ Prenzlau in Bd. Uckermark) beherbergt eine kleine Sammlung zum 4. Juni 1813 (↗ Roter Turm). Geöffnet ist die Ausstellung sporadisch zu besonderen Anlässen, so am Tag des offenen Denkmals (Informationen beim Tourismusverband). Auch wenn das Napoleonhäuschen geschlossen ist, lohnt sich wegen des angrenzenden Rosengartens ein Besuch.

Bockwindmühle bei Luckau

Vor den Toren Luckaus, an der B 87 (Richtung Herzberg), steht rechter Hand eine *Bockwindmühle*. Im 19. Jh. existierten neun Windmühlen rund um Luckau, diese hier wurde etwa im Jahre 1850 zusammengezimmert. Bis auf einige Tragbalken hat man die Mühle in den 1990er-Jahren erneuert. Auch ihren jetzigen Standort erhielt sie erst 1999. Die Technik im Innern ist größtenteils erhalten. Wer einen Blick hineinwerfen möchte, kann dies am Mühlentag (Pfingstmontag) und am Tag des offenen Denkmals tun.

Im Süden von Luckau ziehen sich sehenswerte Ausflugsziele wie an einer Perlenschnur durchs Land. Entgegengesetzt dem Uhrzeigersinn aufgelistet sind dies – um nur die wichtigsten zu nennen – der Höllberghof, Schloss Sinntrotz und die Gärten der Sinne bei Gehren, Walddrehna, Bornsdorf und der Kranichrastplatz bei Freesdorf. In dieser Reihenfolge wollen wir uns hier der Orte auch annehmen.

Amt Heideblick
in Langengrassau
Luckauer Straße 61
15926 Heideblick
Fon (03 54 54) 88 10, Fax -625
E-Mail: amt_heideblick@t-online.de
www.heideblick.de

Beginnen wir aber unsere kleine Rundreise zunächst in **Pitschen-Pickel** nördlich von Uckro, um genau zu sein, in Pickel, südlichere der beiden Dorfhälften. Ein nostalgisches *Herdmuseum* namens „Der Alte Herd“ widmet sich der Bewahrung historischer Kochmaschinen. Die ausgestellten zwanzig „Küchen-Schätzchen“ decken die Zeitspanne vom ausgehenden 18. Jh. bis zu den 1930er-Jahren ab. Schön anzusehen sind sie alle, egal ob aus Gusseisen, mit Email versiegelt oder gefliest. Andere hilfreiche Küchenutensilien vergangener Zeiten erinnern den einen oder anderen vielleicht noch an den häuslichen Arbeitsplatz der Großmutter.

„Der Alte Herd“
Uckroer Straße 24, Pitschen-Pickel
Fon am Wochenende
(03 54 54) 868 60
Fon werktags (03 31) 62 21 13
Öffnungszeiten:
Fr–So 14.00–19.00 Uhr
tel. Anmeldung ist empfehlenswert

Freilandmuseum Höllberghof

Der **Höllberghof** ist ein lebendiges *Freilandmuseum*, in dem die bäuerliche Welt des Mittelalters wieder auflebt. Die Gebäude – Dreiseithof, Scheune, Back- und Kossätenhaus – wurden alle in den 1990er-Jahren nach historischen Vorbildern neu errichtet. Etwa bis zur Mitte des 19. Jh.s war diese Fachwerk-Bauweise in der Niederlausitz üblich. Der Dreiseithof – so genannt, weil er an drei Seiten einen Hof umschließt – besaß die historische Aufteilung in Wohnbereich, Stall und Speicher. In den Räumlichkeiten sind historische Haushaltsgeräte und Einrichtungsgegenstände früherer Zeit ausgestellt. Darüber hinaus demonstriert man im Hof regelmäßig alte bäuerliche Ernte- und Verarbeitungstechniken wie die Flachsbehandlung und lädt zu diversen Veranstaltungen ein.

Dem Ruf des Höllberghofes, wichtigstes Informationszentrum im Naturpark Niederlausitzer Landrücken zu sein, trägt besonders die *Fachwerkscheune* Rechnung, speziell die darin eingerichtete *Ausstellung* über das bäuerliche Leben und dessen Einfluss auf die Landschaft der Region – der Leitsatz: „Naturschutz durch historische Landnutzung“.

Höllberghof
Heideweg 3, 15926 Langengrassau
Fon (03 54 54) 74 05
Fax -604
www.hoellberghof.de

Öffnungszeiten:
Hofgelände und Tiergehege
April bis Okt.
tgl. mindestens 11.00–17.00 Uhr
Gruppen ab 20 Personen mit Voranmeldung auch außerhalb der Öffnungszeiten.

Veranstaltungen:

1. Mai	**Tag der Natur**
Frühjahr	**Höllbergfest**
3. Okt.	**Erntedankfest**

Im Bauerngarten

Eine Gaststätte sorgt im Kossätenhaus für das leibliche Wohl der Hofgäste. Als Kossäten, auch Kätner (von Bauernkate) oder Hintersassen genannt, bezeichnete man früher Kleinbauern, die dem Grundherren gegenüber abgabenpflichtig waren. Mit etwas Glück fällt der Besuchstag im Höllberghof auf einen Backtag – die Nase erkennt's am Duft von frisch gebackenem Brot, der über dem weitläufigen Gelände schwebt. Das Häuschen hat man zwar neu errichtet, der Ofen aber wurde im nahen Borndorf demontiert und hierher geschafft.

Es gibt viel zu entdecken auf dem Höllberghof, die Gebäude und die darin bereitgehaltenen Ausstellungen werden durch einiges noch ergänzt, darunter der *Bauerngarten*, in dem fast vergessene wilde Kräuter, Gemüsesorten und Zierpflanzen vorgestellt werden und das *Tiergehege* im Tal, wo alte Haustierrassen gezüchtet und gehalten werden. Ein etwa zweieinhalb Kilometer langer *Rundweg* durch die Höllenberge verbindet die wichtigsten Punkte miteinander.

Kutten auf dem Höllberghof

Nicht weit von Gehren, links der Straße nach Walddrehna gibt sich ein Anwesen mit wenig aristokratischer Benennung die Ehre: *Schloss Sinntrotz*. Ein Künstler, der sich „Graf Sinntrotz“ nennt, hat sich hier eingemietet. Gebaut wurde die Anlage zu Beginn des 20. Jh.s als neogotische Burg. Ein preußischer General schuf sich damit seinen romantischen Ruhesitz.

Schloss Sinntrotz

Ein Erlebnis(t)raum, in dem Natur und Kunst miteinander verschmelzen, sind die *Gärten der Sinne* – ziemlich genau auf halbem Wege zwischen Gehren und Walddrehna. Mitte der 1990er-Jahre haben die beiden Künstler Nadia Schmidt und Jean Marie Boivin das etwa zehn Hektar große Gelände für die Kunst entdeckt. Das topografische Gefüge innerhalb der Gärten zeigt sich überaus abwechslungsreich – steile Hänge und flache Lichtungen, dichte Waldungen und Brombeerhecken, morastiges Quellgebiet, ein dahinplätschernder Bach, Obstbäume in einer verwilderten Plantage ... und als integrativer Bestandteil Skulpturen und Installationen, eingebettet in das saaleeiszeitliche Relief der Gehrener Heide.

„Land-Art" nennt man diese Kunst, hier bei Gehren aber nicht landschaftsbestimmend, sondern harmonisch eingepasst, zumeist mit den Materialien, die von der Natur zur Verfügung gestellt werden. Jedes Jahr im Frühling finden sich anlässlich eines Symposiums neue Künstler ein, die die Herausforderung annehmen, Kunst – mal provokant, mal harmonisch – in den Naturraum einzupassen. So bleiben die Gärten der Sinne auch für denjenigen interessant, der sie schon öfter besucht hat. Ganz abgesehen vom Glas Rotwein, das man hier ebenfalls zu sich nehmen kann – an einem sinnlichen Ort wie diesem das passende Kompliment an den Gaumen.

KunstNaturLandschaft
Gärten der Sinne e. V.
Bergstraße 31
15926 Gehren
Fon (03 54 55) 38 87
E-Mail: info@gaertendersinne.de
www.gaertendersinne.de
Öffnungszeiten:
Mai bis Okt. Di–So
11.00 Uhr bis Sonnenuntergang

Gärten der Sinne bei Gehren

Walddrehna macht seinem Namen alle Ehre, es liegt etwa fünfzig Meter höher als das Luckauer Becken, allseitig umgeben von Wäldern. Dabei besitzt das Dorf noch gar nicht so lange seinen „grünen" Namen. Bis in die Dreißigerjahre des 20. Jh.s waren die Bewohner Wendisch Drehnaer. Eine Verwechslung mit dem knapp zwölf Kilometer östlich gelegenen Fürstlich Drehna konnte so gar nicht erst entstehen. Per Federstrich und politischer Willkür – schließlich sollte es im Dritten Reich deutsch zugehen (↗ Kap. Die Sorben/Wenden) – nahm man 1938 eine Umbenennung vor, die auch nach 1945 nicht revidiert wurde.

Sehenswertes Gebäude ist die markante mittelalterliche *Dorfkirche* mit einem an drei Seiten gotisch durchbrochenen Glockenturm. Von Walddrehna führen *Wanderwege* in die Gehrener Heide, nach Gehren, Schloss Sinntrotz und die Gärten der Sinne.

Der Schneider aus Walddrehna

Vor vielen, vielen Jahren, als man Walddrehna noch Wendisch Drehna nannte, gab es einen Schneider, der trank lieber einen über den Durst, als dass er schneiderte. Eines Tages machte er sich auf nach Kleinkrausnik, um dort eine wenige Tage zuvor erstandene Ziege in Empfang zu nehmen und sie nach Hause zu bringen. Auf halber Wegstrecke zurück in Wehnsdorf, die Ziege im Schlepptau, konnte er es sich nicht verkneifen, im örtlichen Krug einzukehren. Der Schneider band das Tier vor dem Gasthaus an und bat um Gehorsam, es möge dort warten. Doch der schalkhafte Wirt ließ seinen Sohn die Ziege gegen einen Bock einwechseln. Die Zeit verrann, der Tag neigte sich dem Ende zu. Da zog der Schneider voll des guten Bieres von dannen, merkte aber nicht den heimlichen Tausch.

Erst die Schneidersfrau in Wendisch Drehna, die beim Melken kein pralles Euter, sondern einen unnützen Bocksbeutel in der Hand hielt, wurde des misslichen Geschlechts gewahr. Zeter und Mordillo, was hat sie geschimpft, und dem Schneider blieb nichts anderes übrig, als sich anderntags noch einmal auf den Weg nach Kleinkrausnik zu machen. Abermals kehrte er ein und band das Tier vor dem Gasthaus an. Hurtig vertauschte der Wirtssohn den Bock – schon stand die Ziege wieder da. Der Schneider merkte von alledem nichts.

In Kleinkrausnik angekommen, es war schon dunkel geworden, erhob der Schneider schwere Vorwürfe, der Ziegenhändler sei ein Betrüger, er habe ihm anstatt der Ziege einen Bock verkauft. Doch auch beim besten Hinschauen wurde aus der Ziege kein Bock. Da hätten die Leute den Schneider fast verdroschen, und so zog er wieder ab nach Wendisch Drehna ... und wenn der Krug in Wehnsdorf nun nicht verschlossen gewesen wäre, wer weiß, wie die Geschichte sich fortgesetzt hätte. Lange hat man über den Schabernack des Wehnsdorfer Wirtes gelacht. Seit jener Zeit, so wird erzählt, kaufen die Walddrehnaer ihre Ziegen nur noch am Tage.

Radroute Bahnhof Uckro–Langengrassau–Waltersdorf–Gehren–Bornsdorf–Goßmar–Luckau–Pelkwitz–Paserin–Bhf. Uckro: ca. 33 km (Karte S. 94)

Vom Bahnhof geht es zunächst zur Bundesstraße 102, die uns zum östlichen Dorfausgang leitet. Dort biegen wir rechts nach Langengrassau ab. Hier wird die Bundesstraße 87 gequert und nach nicht einmal zwei Kilometern erreichen wir **Waltersdorf**. Ein barockes *Gutshaus* von 1790 gibt es hier zu sehen und eine romanische *Feldsteinkirche* aus dem 13. Jh.

Eine schmale Asphaltstraße bringt uns ins südlich gelegene **Gehren**. Wir biegen ins Dorf ein und halten uns am Ende rechts. Der ausgeschilderte Landrückenweg führt uns durch die Forsten der Gehrener Heide und des Borndorfer Waldes nach **Bornsdorf** und zur dortigen *Schlossruine* (↗ Bornsdorf) (alternativ kann man den Landrückenweg etwa einen Kilometer südlich von Gehren auch nach links verlassen und über Grünswalde nach Bornsdorf fahren). Weiter geht es zur Dorfmitte und dort rechts haltend in nordöstliche Richtung.

Wir kommen zur so genannten *Alten Grube*, eine schöne Naturbadestelle („Waldbad"). Weiter auf unbefestigter Wegstrecke nach Norden – dazwischen ein kurzer Bogen nach Osten – und nach etwa vier Kilometern erreichen wir die Straße Beesdau-Goßmar, der wir nach links folgen. In Goßmar geradeaus halten, hinter der Brücke über das Goßmarer Fließ biegen wir rechts ab. Ein guter Asphaltweg bringt uns parallel zum Fließ nach **Luckau**. Dort kommen wir etwa am Sandoer Tor raus, am westlichen Ende der Altstadt. Nach der Stadtbesichtigung setzen wir hier unsere Tour auch fort. Etwa drei Kilometer sind es auf der B 102 (Richtung Dahme/Jüterbog) bis zum Abzweig hinter Zöllmersdorf, der uns abseits der stark befahrenen Fernstraße nach **Pelkwitz** bringt. Hinter dem Dorf links abgebogen und über **Paserin** geht es zurück nach Uckro.

Dorfkirche Paserin

Schlossruine Bornsdorf

Kirche von Riedebeck

Acht Kilometer Luftlinie sind es von Luckau nach Bornsdorf. Auf dem Weg dorthin kommt man durch **Riedebeck**. Die dortige *Kirche*, wahrscheinlich um die Wende zum 13. Jh. erbaut, ist ein stattlicher Zeuge des Mittelalters, gefertigt aus sorgfältig behauenen Feldsteinen.

Der Nachbarort **Bornsdorf** schmückte sich bis 1967 mit einem schlossähnlichen *Herrenhaus* – eine Dreiflügelanlage aus dem 18. Jh. Wegen Baufälligkeit stürzte das ansehnliche Gebäude damals ein. Übrig blieb, abgesehen von einigen Mauerresten, der mittelalterliche runde Treppenturm, der die Jahrhunderte hindurch bei Umbauten stets unangetastet blieb. Er misst 5,30 Meter im Durchmesser und in der Höhe gut 23 Meter. Den Schlüssel für den Turm und damit zum Besteigen der 102 Stufen zählenden Wendeltreppe erhält man (außer montags) im Café Döcke, Dorfstraße 14.

Amt Heideblick
in Langengrassau
Luckauer Straße 61
15926 Heideblick
Fon (03 54 54) 88 10
Fax -625
E-Mail: amt_heideblick@t-online.de
www.heideblick.de

Nordöstlich von Bornsdorf verspricht eine der bekanntesten *Naturbadestellen* der Region sommerliche Wasserfreuden, das Waldbad an der Alten Grube. Der See ist eine in den 1920er-Jahren stillgelegte Tagebaugrube, die sich mit Grundwasser gefüllt hat. In der nicht weit entfernten Neuen Grube förderte man noch bis nach dem Zweiten Weltkrieg Braunkohle.

Der Kranichrastplatz bei Freesdorf

Brandenburg ist zumeist flach, und das Luckauer Becken sowieso. Wer da eine gute Aussicht genießen will, ist oft auf Aussichtstürme angewiesen. So ein Turm findet sich an der Straße Goßmar–Freesdorf, denn hier südlich und nördlich der Warte erstreckt sich das 150 Hektar große Naturschutzgebiet „Borcheltsbusch und Brandkieten". Die feuchte von der Berste gespeiste Ebene ist landauf landab bekannt als einer der größten Kranichrastplätze Deutschlands. Bis zu 4.000 der großen, anmutigen Vögel wurden hier schon gesichtet, ein Ereignis, das im Spätsommer und Herbst viele Naturfreunde in die Luckauer

Naturpark
Niederlausitzer Landrücken
Luckauer Straße 1
03246 Fürstlich Drehna
Fon (03 53 24) 305-0
www.naturwacht.de/html_nw/gebiete/Niederla/termine.html

Aussichtsturm an der Straße Goßmar-Freesdorf

Kraniche

Gegend zieht. Ein Fernglas ist unverzichtbares Mitbringsel, denn der fünfzehn Meter hohe Holzturm bietet zwar wundervolle Aussichten, das herrliche Naturschauspiel der landenden und aufsteigenden Kraniche wird aber erst mit einem leistungsstarken Vergrößerungsglas zum unvergesslichen Erlebnis. Beste Monate zur Tierbeobachtung sind Oktober und November. Der Borcheltsbusch ist ein flaches Grundwasseranstiegsmoor mit stillgelegten Torfstichen und dient den Kranichen als Schlafplatz.

Blick vom Aussichtsturm

Die landwirtschaftlichen Nutzflächen der Umgebung, im Besonderen die abgeernteten Felder, aber auch die mit Wintergetreide eingesäten Flächen, bilden hier die Nahrungsgrundlage. Die Menüzusammenstellung der Kraniche reicht aber über Mais- und Getreidekörner weit hinaus. Ebenso wenig verschmähen sie Hülsenfrüchte, verschiedene Gemüsearten wie Möhren, Kohl und Spinat, aber auch Beeren, Mäuse, kleine Fische, Lurche und Schnecken.

Der Borcheltsbusch ist der geeignete Rastplatz vor dem anschließenden Weiterflug nach Südfrankreich, auf die Iberische Halbinsel und nach Nordafrika. Bei ihrer Reise in die warmen Überwinterungsgebiete erreichen die Kraniche Flughöhen von bis zu 1.000 Meter und das bei einer Spitzengeschwindigkeit von über 130 km/h. Sich mit dem eurasischen Kranich näher zu befassen, ist sehr interessant, hier am Borcheltsbusch – live am Ort des Geschehens – kann sich kaum jemand der Faszination dieser stolzen Vögel entziehen.

Die Naturwacht im Naturpark Niederlausitzer Landrücken nutzt den Aussichtsturm bei Freesdorf zu eigenen Beobachtungen und teilt zu bestimmten Terminen im Spätsommer und Herbst auf der Plattform ihr Wissen mit interessierten Naturfreunden. Die Termine können bei der Naturparkverwaltung in Fürstlich Drehna oder im Internet abgefragt werden.

DAS LUCKAUER LAND BEI GOLSSEN

Unterwegs an den Flüsschen Dahme und Berste

**Tourismusverband
Niederlausitzer Land e.V.
Nordpromenade 19
15926 Luckau
Fon (035 44) 30 50)
Fax -50 82 76
E-Mail: fvvb.luckau@t-online.de
www.niederlausitz.com
www.amt-golssener-land.de**

Manch einer mag überrascht sein, dass der nordwestliche Zipfel der Niederlausitz sich so weit nach Norden erstreckt, denn wir sind nur vierzig Kilometer von der südlichen Berliner Stadtgrenze entfernt. Bis 1815 gehörte, wie fast der gesamte Süden Brandenburgs, auch die Gegend um Golßen zu Sachsen. Davon ist aber – anders als etwa in Luckau oder Cottbus – nichts mehr zu sehen. Architektonisch hat sich hier zumeist Preußen manifestiert. Und landschaftlich mutet dieser Landstrich ohnehin märkisch an. Die Dahme, aus dem nahen Fläming kommend, und die Berste, entsprungen bei Bornsdorf im Niederlausitzer Landrücken, ziehen im Schlingerkurs durch die dünn besiedelte Ebene. Laub-, Misch- und Kiefernwälder wechseln sich mit Wiesen und Feldern ab. Dazwischen vereinzelt malerische Dörfer mit hübschen Puppenstuben-Kirchen und Gutshäusern, ein paar Wassermühlen – und Golßen, das geruhsame Landstädtchen, wie aus einem Bilderbuch entstiegen. Beschauliche Ruhe breitet sich aus und idyllische Fleckchen finden sich immer wieder – trotz zweier Bundesstraßen, die hier zusammenkommen und der nahen Autobahn. Die Verkehrsverbindungen lassen keine Wünsche offen. Der Regionalexpress von Berlin-Ostbahnhof benötigt etwa eineinviertel Stunde bis Golßen. Zum Bahnhof in Drahnsdorf dauert es nur ein paar Minuten länger.

Blick auf Golßen mit Rathaus (re.) und Stadtkirche (li.)

Markt in Golßen

GOLSSEN

Kleinstadtidylle und Gurkenmetropole

2001 feierten die Golßener ihr 725. Stadtjubiläum und erinnerten sich damit der urkundlichen Ersterwähnung im Jahre 1276. Dort wo heute das Schloss steht, nordwestlich an der Bundesstraße 96, befand sich damals eine Burg, in deren Schutz sich die Siedlung ausbilden konnte. Über den Status einer Ackerbürgerstadt ist Golßen aber nie hinausgewachsen. Ackerbau, Viehzucht und Handwerk waren stets die wichtigsten Erwerbszweige. Selbst der 1875 erfolgte Anschluss an die Berlin-Dresdner-Eisenbahn vermochte den Charakter eines Landstädtchens nicht zu beeinflussen.

Weil die Hauptverkehrswege einen Bogen um die Stadt schlagen, geht es nicht sehr aufgeregt zu. Der Marktplatz ist der lebendigste Ort Golßens – hektisches Treiben ist dennoch fern jeder Vorstellung.

Das *Rathaus* scheint für ein kleines Städtchen wie Golßen, das mit seinen Ortsteilen nur gut 2.300 Einwohnern zählt, etwas groß ausgefallen zu sein. Damit hat es so seine Bewandtnis. Zu Beginn des 20. Jh.s gab es einen Glasermeister namens Höhne. Der hatte zugesagt, sein Grundstück neben dem Rathaus zu verkaufen, damit die Stadtväter sich ein größeres und schöneres bauen konnten. Doch Glaser Höhne besann sich unvermittelt eines anderen und dachte nicht mehr daran, Grund und Boden aus der Hand zu geben. Daraufhin machten die Golßener aus der Not eine Tugend und bauten auf dem kleineren städtischen Grundstück einfach in die Vertikale. Zwischen 1904 und 1906 entstand so an der Ostseite des Marktplatzes im neogotischen Ziegelstil eines der höchsten und ansehnlichsten Rathäuser der Niederlausitz. Am 20. April 1945 sollte es dann mit der Höhe erst mal ein Ende haben, denn die Rote Armee sah im Rathausturm einen potenziellen

Rathaus

Kirche in Golßen

Ev. Pfarramt Golßen
Schulstraße 13, 15938 Golßen
Fon (03 54 52) 717
Gottesdienst: So 10.00 Uhr

deutschen Beobachtungsposten und schoss ihn deshalb in Trümmer. 1995 waren die Schäden behoben und seither liegen Rathaus und Kirche wieder im Wettstreit um den schönsten Turm. Was das Alter anbelangt, geht der Kirchturm als Sieger hervor. Er datiert auf das Jahr 1845. Das Schiff stand zu dieser Zeit schon – die Bauzeit: 1811–20. Die Vorgängerkirche hatte man wegen Baufälligkeit abreißen müssen. Das Golßener Gotteshaus nimmt erkennbar Bezug auf die klassizistische Architektursprache Karl Friedrich Schinkels, auch wenn dieser am Entwurf nicht beteiligt war.

Im Kirchensaal setzt sich der Klassizismus beinahe in Reinkultur fort. Hölzerne Emporen, auf Säulen gestützt, fassen den Raum an beiden Längsseiten ein. In der Apsis, dem runden Abschluss im Osten, fängt sich der Blick am Kanzelaltar. Charakteristisch für den Klassizismus ist der über der Kanzel auf Säulen ruhende Dreiecksgiebel. Lediglich das Orgelprospekt scheint aus dem Vorgängerbau gerettet worden zu sein, die Orgel selbst wurde 1908 von der Potsdamer Firma Schuke eingebaut.

Schloss Golßen

Weniger in die Höhe, dafür aber umso mehr in die Breite, geht das Golßener *Schloss* mit Haupt- und zwei Seitenflügeln. Es entstand in den 1720er-Jahren an der Stelle der früheren Burg als zweigeschossiges barockes Herrenhaus. Die seitlichen Anbauten, klassizistische und neogotische Formen kamen später hinzu. Letzter Privateigentümer von Schloss Golßen waren die Fürsten zu Solms auf Baruth (↗ Baruth in Bd. Der Fläming) – bis zur Enteignung 1945. Nach dem Zweiten Weltkrieg diente der Bau als Landambulatorium, heute ist die Stadt noch immer Hausherr und hat hier ihr Trauzimmer, die Bibliothek und einen Kindergarten eingerichtet.

Schlosspark

Der angrenzende *Park* mit seinem alten Baumbestand und einem großen Teich lädt zum Rundgang ein. Zwei *Denkmäler* im Park lenken die Aufmerksamkeit auf die Historie. Das *gusseiserne*

Denkmal erinnert an Gräfin Henriette von Fontana, geborene von Redern, die in den Jahren 1797–1819 in Golßen lebte. Sie war die Gemahlin eines königlich-sardischen Gesandten.
Aus Sandstein erhebt sich ein *Obelisk*. Bis 1976 befand er sich auf dem Golßener Marktplatz, dann wurde das Ehrenmal in den Park versetzt. Errichtet wurde die Stele im 19. Jh., nicht aber – wie es heute geschrieben steht – zu Ehren der Opfer „des Militarismus und Faschismus", sondern im Gedenken an die Gefallenen des Deutsch-Französischen Krieges 1870–71.

Die Stadt Golßen besitzt ein *Freibad*, in dem man sich – vielleicht nach einer anstrengenden Radtour – im Wasser abkühlen kann. Gegebenenfalls ist eine abgehärtete Konstitution vonnöten, denn das Wasser wird nur durch die Sonne temperiert.

Freibad Golßen
An der B 96
Öffnungszeiten:
Juni bis Aug. tgl. 13.00 – 19.00 Uhr

Golßen und die Gurke

Lange schon sind diese beiden eine erfolgreiche Verbindung eingegangen, und was vor vielen, vielen Jahren in einzelnen Gärten begann, ist ein großer Wirtschaftsfaktor für die kleine Stadt am Rande des Flämings geworden. 16.000 Tonnen mehr oder weniger krumme, geschnittene, süß-sauer oder sauer, mit oder ohne Dill oder Senf eingelegte Gurken werden in Golßen mittlerweile jedes Jahr konserviert und deutschlandweit, in einigen Ländern Europas und sogar in Übersee zum Verzehr angeboten.
Die Marke heißt „Spreewaldhof", ein Name der sich zwischen Ahlbeck und Lörrach in fast jedem Supermarkt und in vielen Kühlschränken wieder findet. Das Unternehmen mit Sitz in Golßen gehört mit einem Marktanteil bei Sauerkonserven von über zehn Prozent zu den ganz Großen im Lande. So erstreckt sich gleich nebenan ein Gurkenfeld auf einer Fläche von 128 Fußballfeldern. Man ist zwar hier nicht direkt im Spreewald, als Teil des übergeordneten „Wirtschaftsraums Spreewald", wie es offiziell heißt, dürfen die Golßener Profi-Einleger ihre Produkte dennoch mit dem klangvollen Namen schmücken. Und das ganz offiziell, denn die EU-Kommission in Brüssel hat den geografischen Markenschutz von „Spreewälder Gurken" amtlich festgeschrieben – auf dass bloß kein bayrischer Gurkenfabrikant der Idee verfällt, seinem Gemüse ein verkaufsförderndes Spreewald-Image zu verpassen.

Obst- und Gemüseverarbeitung
„Spreewaldkonserve" Golßen GmbH
Bahnhofstraße 1
15938 Golßen
Fon (03 54 52) 38 90
Fax -707
E-Mail: info@spreewaldhof.de
www.spreewaldhof.de
Besichtigung nach Voranmeldung

Gurkenernte mit dem „Flieger"

Der Ochse auf der Golßener Kirche

Früher, so erzählen sich die Leute, hat es auf der Kirche in Golßen ein Dach aus Gras gegeben. Um den grünen Wetterschutz zu scheren, banden die Bürger der Stadt alljährlich am Michaelistage, also am 29. September, einem Ochsen einen dicken Strick um den Leib und zogen ihn zum Kirchendach empor, damit der Ochse das Gras fresse.

Irgendwann soll es den Golßenern aber zu teuer geworden sein, vielleicht waren sie aber auch nur der schweren Anstrengung überdrüssig, und sie deckten ihr Gotteshaus mit einem dauerhaften Belag ein. Seither bleiben in Golßen die Ochsen am Boden und können ungestört auf den Weiden der Umgebung grasen.

Die Golßener halten diese Geschichte für ein Gerücht. Vielmehr seien es die Luckauer, die stets aufs Neue einen Ochsen auf das Dach ihrer Nikolaikirche gehieft hätten – schließlich fände sich im Luckauer Wappen auch ein Ochse, und der weise eindeutig darauf hin, dass nicht die Golßener, sondern die Luckauer derlei Unsinn verzapft hätten. Die Luckauer sehen's anders – und vielleicht haben sie ja recht, denn das Tier im Stadtwappen von Luckau ist nachgewiesenermaßen ein Stier ... ein kleiner Unterschied.

Am Utzenteich bei Golßen

Radroute Golßen – Sagritz – Krossen – Kümmritz – Zieckau – Caule – Jetsch – Sagritz – Golßen: ca. 26 km

(Karte S. 123)

Beginn der Radtour soll am Golßener Marktplatz sein. Von dort fahren wir die Haupt- und Luckauer Straße entlang nach Osten, bis nach wenigen hundert Metern rechts in die Straße „An den Fischteichen" eingebogen wird. Etwa 500 Meter nachdem wir abgebogen sind kommen wir zum Utzenteich, in dem Karpfen gezüchtet werden.

Durch einen sumpfigen Erlenbruchwald, von der Dahme stets feucht gehalten, geht es in südlicher Richtung zur *Kanow-Mühle*. Seit 1815, dem Jahr der Übergabe der Niederlausitz an Preußen, ist die malerische Wassermühle an der Dahme in Familienbesitz. Die Teilnahme an einer 45-Min.-Führung ist eine überaus lohnende Pause. Die voll funktionstüchtige Mahltechnik zeigt sich auf drei Stockwerken in beeindruckender Schönheit. Allerdings sorgt heute kein Wasserrad mehr für Energie, sondern Motorenkraft. Das Leinöl, das man hier an Touristen wie Einheimische verkauft verleiht Pellkartoffeln mit Quark das geschmackliche wie farbliche i-Tüpfelchen.

Kanow-Mühle Sagritz
15938 Sagritz
Fon (03 54 52) 507
www.kanow-muehle.de
Mühlenbesichtigung mit Führung:
Sa 16.00 Uhr,
So 14.00 u. 16.00 Uhr

In Sagritz geht es geradeaus in Richtung **Jetsch**. Der Weg ist unbefestigt aber gut zu befahren. Wir treffen nach etwa 2,5 km auf die Straße Krossen-Jetsch, in die wir links einbiegen. Jetsch begrüßt uns mit seiner spätmittelalterlichen *Dorfkirche* samt Bretterturm, der von einer geschweiften Haube gekrönt wird.

In Jetsch

Landschaft bei Caule

Im Dorf folgen wir der Straße nach Süden zum Dörfchen **Caule**. Am westlichen Ende des Sackgassenortes steht ein schlichtes kleines *Herrenhaus*, das von einem Privatmann in den 1990er-Jahren liebevoll restauriert worden ist. Wann das Haus gebaut wurde, ist nicht genau nachgewiesen, man kann aber wohl davon ausgehen, dass es in der Renaissance-Zeit um die Wende zum 18. Jh. entstanden ist.

Zurück zur Straße. Wir folgen ihr und kommen durch das flache Tal des Zieckefließes nach **Zieckau**. Jetzt geht es rechts nach **Kümmritz**, dort erneut rechts in Richtung Krossen. Hier halten wir uns wieder rechts, vorbei an der Kirche und am Ende des Dorfes links. Kurz bevor die Wegführung nach rechts abknickt stoßen wir linker Hand auf eine weitere Mühle: die *Krossener Vordermühle*. Der Mühlenteich verdoppelt spiegelbildlich die romantische Kulisse. Seit über 350 Jahren ist dieser Mühlenstandort nachgewiesen, die heutigen Bauten sind aber deutlich jünger. Wenn man sich vorher anmeldet, kann die technische Ausstattung besichtigt werden.

In **Krossen** starb 1882 Otto Theodor Freiherr von Manteuffel, der von 1850 bis 1858 preußischer Ministerpräsident und Außenminister gewesen war (↗ Lübben).

Ein von Bäumen gesäumter Weg bringt uns nach Sagritz, wo wir uns links halten. An der Kanow-Mühle und dem Utzenteich vorbei erreichen wir bald wieder Golßen.

Krossener Vordermühle

Vordermühle Krossen
15938 Krossen
Fon (03 54 53) 288
Mühlenbesichtigung nach Voranmeldung

Widmen wir zum Schluss dieses Kapitels unsere Aufmerksamkeit noch einigen Dörfer der Umgebung. Etwa sieben Kilometer südöstlich von Golßen liegt an der *Berste* das 1930 zum Doppeldorf vereinte **Kasel-Golzig**.

Die Sehenswürdigkeit Kasels ist ein *Herrenhaus* aus der zweiten Hälfte des 18. Jh.s. und wurde von Friedrich Carl Leopold Reichsgraf zu Solms-Baruth erbaut. Das denkmalgeschützte Kaseler Haus war nach dem Zweiten Weltkrieg unter anderem Schule und Schullandheim. Es ist zwar gut erhalten und wurde vor einigen Jahren außen in Stand gesetzt, dennoch steht es zurzeit leer und die zukünftige Verwendung in den Sternen.

Glaswerkstatt Beate Bolender
Dubener Weg 3
15938 Kasel-Golzig
Fon (03 54 53) 821
Besichtigung und Führung nach Voranmeldung
Werkstatttreffen, jährliche Sommerausstellung
Ende Juni/Anfang Juli

Ein alter Hof bildet in Kasel-Golzig Hintergrund für eine *Glaswerkstatt*. Die Glaskünstlerin Beate Bolender widmet sich mit Ideen und Fantasie ganz der Formvollendung des zerbrechlichen Materials, Restaurierung von Kirchenfenstern und Neugestaltung baubezogener Kunst, stellt Glasschmuck, -reliefs und sonstige nützliche Utensilien her. Bei der Handhabung mit dem durchscheinenden Werkstoff kommen unterschiedliche Handwerkstechniken zum Einsatz, die bei einer Besichtigung von Werkstatt und Ausstellungsscheune gern erläutert werden.

Schließlich sollen zwei Dörfer nordöstlich von Golßen hier nicht unerwähnt bleiben. **Waldow/Brand** ist kein Doppeldorf, sondern Waldow liegt am *Brand*. Mit „Brand" bezeichnet man das ausgedehnte Waldgebiet im Nordosten. Früher war der Brand eine teilweise mit Kiefern und Heide bewachsene sandige und weitgehend nutzlose Fläche, die zur Herrschaft Golßen gehörte.

Waldow schmückt sich mit einem hübschen *Fachwerkkirchlein* von 1709.

Gutshaus Rietzneuendorf

Nur etwa drei Kilometer entfernt stößt der Besucher auf das vielleicht schönste Dorf der Region, **Rietzneuendorf**. Inmitten des gepflegten Angers steht eine weitere *Fachwerkkirche*,

Fachwerkkirche in Rietzneuendorf

1703 erbaut und damit nur wenige Jahre älter als die Waldower. Folgt man der Dorfstraße nach Westen, entdeckt man schließlich ein verspielt wirkendes *Herrenhaus* mit türmchenbesetzten Gründerzeitschweifgiebeln aus dem 19. Jh. Im Ursprung ist das Gebäude aber wahrscheinlich barock (18. Jh.). Es ist bewohnt und beherbergt eine Arztpraxis.

Gurkenradweg

ca. 250 km, (Karten S. 27, 42, 61, 79, 123)

Golßen – Lübben – Lübbenau – Vetschau – Burg – Cottbus – Peitz – Straupitz – Schlepzig – Groß Leuthen – Alt Schadow – Krausnick – Rietzneuendorf – Golßen

Pedale tretend durch den gesamten Spreewald ... und darüber hinaus, denn der Gurkenradweg führt die Fahrrad-Freunde auch nach Cottbus und Peitz, nach Groß Leuthen und Golßen. Das Städtchen Golßen eignet sich ganz besonders als Ausgangspunkt, denn nirgendwo in Brandenburg sind Gurken so landschaftsbestimmend wie dort (↗ Golßen). Außerdem besitzt Golßen einen Bahnhof, sodass man auf sein Auto verzichten kann.

Für die etwa 250 Kilometer sollte eine ganze Woche eingeplant werden, dann hat man Zeit, sich der Naturschönheiten und der kulturellen Sehenswürdigkeiten in aller Ruhe anzunehmen. Es lohnt sich, denn der gut ausgeschilderte Gurkenradweg verbindet alle wichtigen touristischen Ziele miteinander und führt durch wundervolle Landschaften. Wer sich auf die in diesem Buch beschriebene Region beschränken möchte, kürzt in Burg ab und wechselt von der Süd- zur Nordroute.

Die Wegbeschaffenheit ist sehr unterschiedlich – mal gut ausgebaute Landstraße, mal Waldweg. Man muss darauf gefasst sein, das Fahrrad auch schon mal zu tragen. Das betrifft vor allem die Brücken über die Fließe, wo es gilt, einige Stufen zu überwinden. Für den sportlichen Spreewald-Radler stellen diese Brücken aber kein großes Hindernis dar.

Übernachtungsmöglichkeiten gibt es genug – von der Waldpension bis zum Fünf-Sterne-Hotel. Entweder man stellt sich die Etappen selbst zusammen oder bedient sich der Hilfe des Tourismusverbandes Spreewald in Raddusch. Dort kann man sich individuell ein Angebot ausarbeiten lassen. Vorteil: Man muss sich nicht selbst ums Gepäck kümmern, der Transport wird organisiert – eine willkommene Erleichterung beim Fahren.

Staakmühle
Brand
Klasdorf
Glashütte
Staakow
Dahme
Friedrichshof
Forst Golßen
AS 6 Staakow
Rietzneuendorf-Friedrichshof
Rietzneuendorf
13
Brand
Sorge
Waldow/Brand
Dahme
Prierow
96/115
GOLSSEN
Altgolssen
Kaulschegraben
115
Kaulschegraben
Landwehr
Utzen-teich
Gersdorf
Zützen
Reichwalde
Kanow-Mühle
Ziegelberg
64
Hohendorf
Wilhelmshof
Sagritz
Berste
65
Falkenhain
Schäcksdorf
Kasel-Golzig
Vorder-mühle
Zauche
Jetsch
Krossen
Drahnsdorf
66
96
Grenze Naturpark
Caule
63
Berste
Dahme
Rüdingsdorf
Kreblitz
Weinberg
86
Naturpark
Zieckau
Wildau-Wentdorf
Kümmritz
Niederlausitzer
Zieckefließ
124
Hellberge
Landrücken
Pitschen-Pickel
Kirche
Herrenhaus/Schloss
Museum
Wassermühle
Radroute S. 119
Gurkenradweg siehe S. 122
Landrückenweg
0
2 km
N

Tourist-Informationen, Biosphärenreservat/Naturpark:

Tourist-Information/
Agrarhistorisches Museum
Dorfstraße 26, 15910 Schlepzig
Fon (03 54 72) 225

Fremdenverkehrsbüro „Märkische Heide"
Hauptstr. 5a, 15910 Alt Schadow
Fon u. Fax (03 54 73) 782

Biosphärenreservat Spreewald
Schulstraße 9, 03222 Lübbenau
Fon (035 42) 89 21-0, Fax -89 21 40
E-Mail: br-spreewald@lags.brandenburg.de
• Außenstelle Schlepzig
Dorfstraße 52
Fon (03 54 72) 276, Fax -648 99
E-mail:
Biosphärenreservat-Schlepzig@t-online.de
• Außenstelle Burg
Byhleguhrer Straße 17, 03096 Burg
Fon (03 56 03) 69 10, Fax -691 22
E-mail:
Biosphärenreservat-Spreewald@t-online.de

Tourismus, Kultur und Stadtmarketing
Ernst-von-Houwald-Damm 15
15907 Lübben
Fon (035 46) 30 90 u. 24 33, Fax -25 43
E-Mail: spreewaldinfo@t-online.de
www.luebben.de

Fremdenverkehrsverein Alt Zauche e. V.
Siedlungsstr. 13, 15913 Alt Zauche
Fon (035 46) 76 98 u. 0162- 642 44 45

Spreewald-Touristinformation e. V.
Ehm-Welk-Straße 15, 03222 Lübbenau
Fon (035 42) 36 68, Fax -467 70
E-Mail:
info-luebbenau@spreewald-online.de
www.spreewald-online.de

Stadt- und Amtsverwaltung
Vetschau/Spreewald
Schlossstraße 10
03226 Vetschau/Spreewald
Fon (03 54 33) 77 70, Fax -777 90 10
E-Mail: amtsverwaltung@vetschau.com
www.vetschau.com

Fremdenverkehrsverein Neu Zauche e. V.
Gasthaus zum Oberspreewald
Brunnenplatz 11, 15913 Neu Zauche
Fon (03 54 75) 468, Fax -293

Haus des Gastes/Tourist-Information
Am Hafen 6, 03096 Burg (Spreewald)
Fon (03 56 03) 417, Fax -498
E-Mail: touristinfo-burg.
spreewald@t-online.de
www.burg-spreewald-tourismus.de

Tourismusverband
Niederlausitzer Land e.V.
Nordpromenade 19, 15926 Luckau
Fon (035 44) 30 50, Fax -50 82 76
E-Mail: fvvb.luckau@t-online.de
www.niederlausitz.com
www.amt-golssener-land.de

Kultur- und Heimatverein/
Historischer Gasthof „Zum Hirsch"
Crinitzer Straße 2, 03246 Fürstlich Drehna
Fon (03 53 24) 70 30, Fax -703 70
E-Mail: info@fuerstlichdrehna.de
www.fuerstlichdrehna.de

Stadtverwaltung Calau/Pressestelle
Platz des Friedens 10, 03205 Calau
Fon (035 41) 891 12, Fax -891 53
E-Mail: amt-calau@t-online.de
www.calau.de

Naturpark Niederlausitzer Landrücken
Luckauer Straße 1, 03246 Fürstlich Drehna
Fon (03 53 24) 3050, Fax -30520
E-Mail:
Rene.Sturm@LAGS.Brandenburg.de
• Naturparkzentrum Wanninchen
15926 Wanninchen
Fon (035 44) 50 80 61, Fax -50 80 62

Amt Heideblick in Langengrassau
Luckauer Straße 61
15926 Heideblick
Fon (03 54 54) 88 10, Fax -625
E-Mail: amt_heideblick@t-online.de
www.heideblick.de

Museen (Auswahl)**:**

Historische Getreidemühle
Dorfstraße 52, 15910 Schlepzig
Fon (03 54 72) 58 88, Fax -58 85

Museum Schloss Lübben
Ernst-von-Houwald-Damm 14
15907 Lübben
Fon (035 46) 18 74 78, Fax -18 63 69
E-Mail:
stadt_luebben.museum@t-online.de

Wendisches Museum
Mühlenstraße 12, 03046 Cottbus
Fon (0355) 79 49 30, Fax -70 12 75

Spreewald-Museum
Topfmarkt 12, 03222 Lübbenau
Fon (035 42) 24 72, Fax -40 34 25

Freilandmuseum Lehde
Fon (035 42) 24 72

NABU-Weißstorch-Informationszentrum
Drebkauer Straße 2a
03226 Vetschau/Spreewald
Fon (03 54 33) 41 00
www.storchennest.de

Holländer Windmühle
Laasower Straße 11 a
Fon u. Fax (03 54 75) 169 97
E-Mail: windmuehle-straupitz@
spreewald-info.de
www.windmuehle-straupitz.de

Spreewälder Spintestube
Brunnenplatz 2, 15913 Neu Zauche
Fon u. Fax (03 54 75) 584
E-Mail: spreewaldhexe@aol.com
www.spreewald-spintestube.de

Heimatmuseum Calau
Kirchstraße 33
Fon (035 41) 80 10 49 oder -29 73

Heimatmuseum Luckau
Lange Straße 71, 15926 Luckau
Fon u. Fax (035 44) 22 93

Höllberghof
Heideweg 3, 15926 Langengrassau
Fon (03 54 54) 74 05, Fax -604
www.hoellberghof.de

„Der Alte Herd"
Uckroer Straße 24, Pitschen-Pickel
Fon am Wochenende (03 54 54) 868 60
Fon werktags (03 31) 62 21 13

KunstNaturLandschaft
Gärten der Sinne e. V.
Bergstraße 31, 15926 Gehren
Fon (03 54 55) 38 87
E-Mail: info@gaertendersinne.de
www.gaertendersinne.de

Kahnfähradressen:

ALT ZAUCHE (Vorwahl 035 46)
Kahnfährbetrieb E. Jentsch, Fon 26 22

Kahnfährhafen Fremdenverkehr
Mai – Okt., Fon 76 98

BOBLITZ (Vorwahl 035 42)
Kahnfährmann Kurt Jurischka
Fon 24 43, 0172-793 88 42

BURG (Vorwahl 03 56 03)
Spreehafen, Fon 758 00
spreehafen@lausitz.net
www.spreehafen-burg.de

Vereinigte Kahnfährleute Burg e. V.
Fon 860 u. 0172 35 44 276,
kahnfahrten-lehmann@spreewald-info.de
www.spreewald-info.de/kahnfahrten-lehmann

Bootshaus Conrad, Fon 341,
bootshaus-conrad@spreewald-info.de
www.spreewald-info.de/bootshaus-conrad

Bootshaus Rehnus, Fon 366

Hafen Waldschlösschen
Fon 536 u. 0171-700 61 05
spreewald30@hotmail.com
www.spreewaldhafen-online.de

Kolonieschänke, nur Anlegestelle
Fon 68 50
kolonieschaenke@spreewald.de
www.kolonieschaenke.de

GROSS WASSERBURG
(Vorwahl 03 54 73)
Bernd Zech, Fon 545
Horst Zech, Fon 546
Eberhard Müller, Fon 391

LEIPE (Vorwahl 035 42)
Fährhafen Leipe, Fon 435 59, 87 18 08 u.
0171-482 29 72
info-spreewaldhafen-leipe@web.de
www.spreewald-info.de/hafen-leipe

Dubkow-Mühle, Fon 22 97
www.dubkow-muehle.de

LEHDE (Vorwahl 035 42)
Hotelanlage Starick, Fon 899 90,
hirschwinkel@spreewald-online.de
www.spreewald-starick.de

LEIBSCH (Vorwahl 03 54 73)
Ewald Büttner, Fon 20 50
info@ewald-kahnfahrten.de
www.ewald-kahnfahrten.de

LÜBBEN (Vorwahl 035 46)
Fährmannsverein „Flottes Rudel"
Fon 82 69 u. 0171-441 86 62/63
flottes-rudel@spreewald-info.de
www.flottes-rudel.com

Fährmannsverein „Lustige Gurken"
Fon 71 22
lustige-gurke@spreewald-info.de
www.spreewald-info.de/lustige-gurke

Kahnfährbetrieb Oswald, Fon 40 63

Stephanshof
Hafen 5, Fon 272 10
stephanshof@spreewald.de

Kahnfährgemeinschaft Strandcafé
Hafen 4

Behindertengemeinschaft Lausitz e. V.
Hafen 2, Kahnfahrten für Rollstuhlfahrer

LÜBBENAU (Vorwahl 035 42)
Grosser Spreewaldhafen, Fon 22 25
mail@grosser-spreewaldhafen.de
www.grosser-spreewaldhafen.de

Frank's Kahnfahrten, Fon 36 73
kahnfahrten@spreewald-franks-kahnfahrten.de
www.spreewald-franks-kahnfahrten.de

Kleiner Hafen „Am Spreeschlösschen"
Fon 40 37 10
kahn@spreewald-web.de
www.spreewald-web.de

Kahnabfahrtstelle „Am Holzgraben"
Fon 22 21

STS-Kahnfahrten, Fon 429 98
o. 0173-201 44 58 / 0174-672 82 13
anfrage@kahnfahrt.de, www.kahnfahrt.de

Schwerdtners Kahnfahrten
Fon 414 59 u. 0172-601 25 80
kontakt@schwerdtners-kahnfahrten.de
www.schwerdtners-kahnfahrten.de

Lübbenauer Spreewaldfahrten
Fon 407 90 20

Karl-Heinz Marschner
Fon 20 75 u. 0172-350 11 18
kahnfaehrmann@spreewald.de
www.kahnfahrten-luebbenau.de

Norbert Finck, Fon 438 60 u.
0173-367 93 80
norbert.finck@web.de
www.spreewaldkahn.de

L+S Spreewaldfahrten, Fon 407 90 22
thomas.lubkoll@t-online.de
www.spreewald-info.de/lubkoll

NEU ZAUCHE (Vorwahl 03 54 75)
Kahnabfahrtstelle Neu Zauche
Fremdenverkehr Mai – Okt.
Fon 468

RADDUSCH (Vorwahl 03 54 33)
Kahnfährverein Raddusch
Fon 30 00 o. 702 13

RAGOW (Vorwahl 035 42)
Werner Rosenberger, Fon 36 80
kahnfaehrhafen-ragow@spreewald-info.de
www.spreewald-info.de/kahnfaehrhafen-ragow

SCHLEPZIG (Vorwahl 03 54 72)
Werner u. Jörg Lehmann, Fon 239
Krüger's Kahnfahrten, Fon 451
Dietmar Andreck, Fon 382
Olaf Schiela, Fon 377
Alwin Drexler, Fon 438
Burghardt Henschelchen, Fon 483

STRAUPITZ (Vorwahl 03 54 75)
H. Tischer, Fon 500

IMPRESSUM

Herzlichen Dank sagt der Herausgeber für die Bereitstellung von Materialien und die inhaltliche Zuarbeit den Mitarbeiterinnen und Mitarbeitern der Tourismusvereine, Stadtverwaltungen, Museen sowie all jenen, die durch ihre fachliche Beratung bei der Entstehung des Reiseführers Brandenburg Der Süden, Band 1 „Der Spreewald und die Luckauer Niederlausitz" mitgewirkt haben. Im Besonderen: D. Lorenz, A. Weingardt, Biosphärenreservat Spreewald; G. Donath, R. Donat, Naturpark Niederlausitzer Landrücken; H. Jentsch; H. Tuček, Heimatmuseum Luckau

PRO LINE CONCEPT-Verlag
Groß Väter 18
17268 Groß Dölln
Fon (030) 2 82 51 72
Fax (030) 28 04 64 58

Der Band wurde mit Unterstützung des ADAC Berlin-Brandenburg e. V. realisiert.

Fotos und Abbildungen: Agrarhistorisches Museum Schlepzig S. 17 m.; Biosphärenreservat Spreewald S. 28 u.; G. Blutke S. 66 u.; B. Bolender S. 121 o.; Darr S. 37; R. Donat S. 5, 93 u., 96, 108 o., 113 u.; Europäisches Burgeninstitut S. 24 u.; Foto Zahn S. 102 u.; Goethe: Rücktitel, Titel Niederlausitz; P. Haase S. 29 m.; Heimatmuseum Luckau S. 85 o.; Holländermühle Straupitz S. 75 m + u.; H. Jentsch S. 44 u., 45 o., 46; S. Karwath S. 93 o.; Ch. Kiesel S. 84 u.; W. Klaeber S. 8, 18, 19, 29 o. + u., 30, 31, 42 o., 78 o. + re., 113 o.; Museum Schloss Lübben S. 76; Naturpark Niederlausitzer Landrücken S. 97 o.; Romantik-Jugendstilhotel „Bellevue" Traben-Trarbach S. 72; Spreewaldhof GmbH S. 4 u., 117; A. Sprenger S. 22 u.; Stadt Vetschau S. 63, 64 u., 65 o., 67; Tourismusverband Niederlausitzer Land e. V. S. 103 o.; Traube S. 2 2. Bild; Weißstorch-Informationszentrum S. 66 u.; Wendisches Museum Cottbus: S. 45 u., 47 o., 77 u.; alle weiteren Fotos travel.TEXT.berlin

Redaktion und Layout: PRO LINE CONCEPT, Beate Schubert, Berlin
Text: travel.TEXT.berlin, Berlin
Grafiken: Bernd Streiter, Mödlich; www.streiter-art.de
Karten: Maren Rudloff, Berlin
Lithografie und Druck: Königsdruck, Berlin

ISBN 3-931021-45-9

Brandenburg und Berlin

Regionalverkehr Liniennetz – Ausschnitt Süd

Legende

- Linie des Regionalverkehrs mit Umsteigemöglichkeit
- Schienenersatzverkehr
- S-Bahn-Linie
- U-Bahn-Linie
- Strecke in Bau
- Züge der Linie RB 24 halten nur in Richtung Wünsdorf-Waldstadt
- DB Fernbahnhof

- Tarifgebiet VBB
- Tarifbereich Berlin
- Tarifgrenze Teilbereich Berlin C
- Tarifbereich Kreisfreie Städte

Bezeichnung der Bahnhöfe unter Fortlassung der Tarifbezeichnung Berlin bzw. Potsdam
Im Berliner C-Bereich gibt es speziell Angebote, die Sie bei Ihrem Verkehrsunternehmen erfragen können.
Hinweis: Berlin-Schönefeld gehört sowohl zum Teilbereich B des Tarifbereiches Berlin als auch zum Landkreis Dahme-Spreewald.

Information

Verkehrsverbund Berlin-Brandenburg GmbH
Hardenbergplatz 2, 10623 Berlin
(030) 25 41 41 41

Die Bahn DB
DB Regio
Deutsche Bahn Gruppe
Regionalbereich Berlin/Brandenburg
Im neuen Hauptbahnhof Potsdam
Babelsberger Str. 18, 14473 Potsdam
(01805) 99 66 33

Prignitzer Eisenbahn GmbH
Bahnhof, 16949 Putlitz
(03 39 81) 80 506

Stand: 16. Juni 2002
Herausgeber: Verkehrsverbund Berlin-Brandenburg GmbH

Auto und ADAC – Betreuung rund um die Mobilität

Wenn es um garantierte Mobilität rund um das Automobil geht, vertrauen in Berlin und Brandenburg bereits weit über eine Million Mitglieder dem in fast einhundertjähriger Tradition gewachsenen konkurrenzlosen Service des ADAC. Ob Pannenhilfe der „Gelben Engel"oder TourSets, technische Betreuung, juristische Beratung und Unfallservice – der Club ist rund um die Uhr über die Telefonservice-Zentrale sowie Internet und E-Mail erreichbar. Für den persönlichen Kontakt servicebereit: sechs Geschäftsstellen und zwei ADAC-Reisebüros.

Geschäftsstellen des ADAC Berlin-Brandenburg e. V. in Berlin:

ADAC Hauptgeschäftsstelle im ADAC-Haus
Bundesallee 29/30, 10717 Berlin
Telefon. (030) 86 86-0 und 0180 5 10 11 12*
Fax. (030) 86 86-811 oder 0180 5 30 29 28*

Geschäftsstelle am Gendarmenmarkt:
Taubenstr. 20–22
10117 Berlin
Telefon: (030) 86 86-0 und 0180 5 10 11 12*
Fax: (030) 86 86-811 oder 0180 5 30 29 28*

Geschäftsstellen im Land Brandenburg:

Telefon: 0180 5 10 11 12*
Fax: 0180 5 30 29 28*

Geschäftsstelle Potsdam:
Jägerallee 16
14469 Potsdam

Geschäftsstelle Senftenberg:
Am Neumarkt 6
01968 Senftenberg

Geschäftsstelle Brandenburg/Havel:
Ritterstraße 102
14770 Brandenburg

Geschäftsstelle Frankfurt (Oder):
An der Autobahn 3
15236 Frankfurt (Oder)

Öffnungszeiten aller Geschäftsstellen:

Montag bis Freitag 9.00–18.00 Uhr

ADAC Reisebüros der Sport und Dienstleistungsgesellschaft mbH:

Bilderbogenpassage
16816 Neuruppin
Telefon: (03391) 65 56 51
Fax: (03391) 65 56 52

Schloßkirchstraße 1
03046 Cottbus
Telefon: (0355) 3 83 06 04
Fax: (0355) 3 83 06 05
jeweils Montag bis Freitag 9.00–18.00 Uhr

Mobile Geschäftsstellen im Land Brandenburg:

Wittstock
ARAL-Tankstelle
Pritzwalker Straße

Prenzlau
Uni-Center
Georg-Dreke-Ring

Wittenberge
ARAL-Tankstelle
Lenzener Straße 38–40

ADAC-Pannenhilfezentrale
Telefon: 0180 2 22 22 22**

ADAC-Telefonservice-Zentrale
Telefon: (030) 86 86-0 und 0180 5 10 11 12*
An allen Tagen des Jahres rund um die Uhr.
* DM 0,24/Minute ** DM 0,12/Anruf

E-mail: adac-service@bbr.adac.de
Internet: www.adac.de